中小学教师整体课堂管理能力提升培训丛书

ZHENGTI KETANG GUANLI

整体课堂管理

GUANJIAN JISHU

关键技术 与工具

YU GONGJU

刘正荣 刘绍华 刘文清 著

NORTHEAST NORMAL UNIVERSITY PRESS

东北师范大学出版社

WWW.NENUP.COM

图书在版编目(CIP)数据

整体课堂管理:关键技术与工具/刘正荣,刘绍华,刘文清著.—长春:东北师范大学出版社,2019.8
ISBN 978 - 7 - 5681 - 6142 - 8

Ⅰ.①整… Ⅱ.①刘… ②刘… ③刘… Ⅲ.①课堂教学—教学管理—中小学 Ⅳ.①G632.421

中国版本图书馆 CIP 数据核字(2019)第 167482 号

□责任编辑:王航行　　　　　□封面设计:林　雪
□责任校对:马　娜　　　　　□责任印制:张允豪

东北师范大学出版社出版发行
长春市净月开发区金宝街 118 号 (邮政编码:130117)
电话:0431—84568042
传真:0431—84568168
网址:http://www.nenup.com
电子函件:sdcbs@mail.jl.cn
东北师范大学音像出版社制版
长春方圆印业有限公司印装
长春市绿园区迎宾路 2066 号 (邮政编码:130062)
2019 年 8 月第 1 版　2019 年 8 月第 1 次印刷
幅面尺寸:169 mm×239 mm　印张:12.25　字数:161 千

定价:48.00 元

前言：用技术手段解决教师专业发展问题

现在的教师不缺理念，而是缺少工具。难题在于：如何用技术手段解决教师的专业发展问题。因此，用技术手段解决教师的专业发展问题，是我近十年来一直在努力做的事情，并把它作为整体课堂管理核心理念。

2003 年"非典"过后，作为一名初入教育殿堂的非教育专业的草根研究工作者，我曾诚惶诚恐地请教于时任民进中央教育委员会副主任、中央教育科学研究所学术委员会主任的程方平博士，程老师当时的一句话对我启发很深："跳出教育看教育，必有不同的收获。"正是程老师的鼓励，坚定了我以外行眼光来观察教育和教育界发生的事的决心和信心。好在我有多年政府部门工作的经历，习得了一些和人打交道的方式，也学会了一些观察问题的方法，加之数十位教育界"大咖"的无私支持和帮助，历经十余载的观察和思考，我先后完成了《整体课堂管理：理论与实务》《整体课堂管理教师手册》（全六册）等图书。特别是 2015 年出版的《整体课堂管理教师手册》得到了中小学教师的喜爱。经过四年多的试用，在各地中小学教师特别是青年教师的呼吁下，我又在《整体课堂管理教师手册》的基础上，编写了这套"整体课堂管理工具"。作为广大教师，特别是青年教师专业发展的支持体系中的一环，我希望这套书能帮助大家尽快成为教师中的翘楚。

"整体课堂管理"是全国教育科学"十一五"规划课题"研训一体教师专业

化成长研究"和中国教育学会"十二五"教育科研规划课题的成果。其中许多提法和理念与现行国家教育制度，特别是考试制度和教师培养制度一致。其核心是如何将先进的教育理念落实到教师的实践中。着重考查学生独立思考和运用所学知识分析问题、解决问题的能力。实际上要把"五个"考出来：即把社会主义核心价值观和传统文化考出来、把学生课堂表现考出来、把学生的基础和积累考出来、把学生的能力考出来、把学生从社会大课堂所学的内容考出来。今后，自主学习、合作学习、探究学习将成为中小学课堂的主要形态。根据这一要求和趋势，整体课堂管理专门细化了教师发展的具体内容，专门为教师设计了全套整体课堂管理工具，并按照《整体课堂管理：核心技术与工具》《整体课堂管理：关键技术与工具》《整体课堂管理：支持技术与工具》《整体课堂管理：基础技术与工具》四个系列进行呈现，帮助广大教师掌握现代课堂管理的全套技术。

一、"技术"是解决教师职业幸福问题的钥匙

教师的职业幸福建立在教师的职业技能基础之上，没有职业技能的娴熟，就不会有教师职业的幸福。教师职业压力大是全社会的一个共识。其原因虽然很多，但也很简单：一是过去多年的独生子女政策和社会高速发展的结果。经济条件的好转，使两个或两个以上的家庭，四个或更多的家人一起关注一个孩子，最终都会将目光聚焦在孩子的老师身上，"聚光灯效应"造成教师压力很大。二是家长本身学历的增高。教师由以前的"知识垄断者"身份变为今天的"知识超市经营者"，学生获取知识的渠道、形式多元化，教师能否提供学生需要的和家长期望的知识，这是一种很大的压力。三是当今学生的智力发展很快，接受新鲜事物的能力较强，加之学生从小在家娇生惯养，到了学校后要求"发

展个性""挖掘潜力"，使得教师在今天的学生面前"硬方法不敢用，软方法不管用，新方法不会用"，压力自然很大。

教师职业倦怠似乎是一个"伪命题"。这要问"教师职业倦怠的表现是什么？""教师为什么会职业倦怠？"这两个问题。在我们的观察和分析中，大部分教师都认为职业倦怠的表现是"（面对学生）不知道该怎么办，烦"，由此看来，教师的职业倦怠源自于"不知道该怎么办"。按此推论，教师每天面对学生都能自如地、满怀信心地解决学生的各种问题，轻松地做到"兵来将挡，水来土掩"，这样就不"烦"了，职业倦怠就没有了吗？教师的职业幸福感就有了？

不会用新方法是很多教师的苦恼。所谓新方法，就是与教育相关的新的教育学知识、管理学知识、信息技术知识等，教师只有掌握并娴熟地利用好这些新知识，才能在教育实践中如鱼得水，得心应手，从容不迫。这就将教师推到了一个"学无止境""学勿止步"的快车道上。

二、整体课堂管理是一套训练法

整体课堂管理的目标是同时实现"教学有效、德育实效、教师发展、学生成长"这四个目标，整体课堂管理的核心思想是通过促进教师的专业发展来实现学生的全面成长。整体课堂管理模式明确了课堂教学中教师和学生共同成长的生态教育理念，使课堂教学向着空间立体发展，把教学的有效性和德育的实效性结合起来，促进教师和学生共同成长，全面、真正实现"以人为本"的新课堂目标。整体课堂管理重"技术"，实际上就是使教师的教学变得更精彩、更轻松、更简单。

　　整体课堂管理认为，教师的教育行为实际上是一个以课堂管理方法为核心建立起来的整体系统。这个系统包括课堂研究、课堂设计、课堂创建、课堂评价、课堂升华五个子系统，每个子系统又包括了若干个更小的系统。教师的课堂教学行为实际上是"课堂研究—课堂再研究"这样一个循环往复的过程，而且，这个过程将伴随教师职业生涯的始终。

　　整体课堂管理的主要目的之一是通过训练快速提高教师的教学能力。它通过从教师心理发展的角度，运用管理学的方法，从课堂研究，到课堂设计、课堂创建、课堂评估、课堂升华对教师整个教学过程进行了优化，使教师的教学变得更加简约和有效，为实现学生"自主学习、合作学习、探究学习"的新课堂的创建提供了技术可能。与其他的教师发展培训方法相比，整体课堂的理论培训较少，主要培训教师的课堂管理技能；其他的教师培训方式主要是专家讲授的形式，整体课堂管理主要采取的是专家带着教师练的形式；其他教师培训课程和内容主要是碎片化的，整体课堂则提供了从课堂研究开始，到课堂设计、课堂创建、课堂评估、课堂升华全套成体系的训练内容，帮助教师接受真正的专业化成长培训和指导。

三、整体课堂管理是一个工具包

　　解决学生的问题，核心是让他们知晓学什么、怎么学的问题。解决教师的问题，是让他们从内心深处获得职业幸福感，核心是解决他们怎么做的问题。为此，整体课堂管理提供了全套教师课堂教学工具，基本上囊括了教师从事教育教学工作的主要内容。

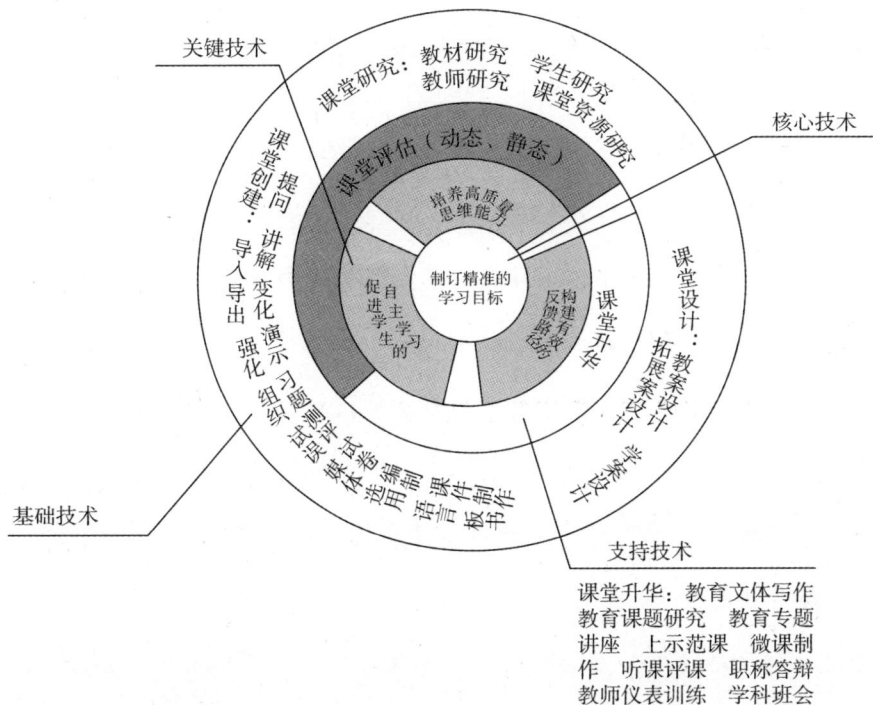

课堂升华：教育文体写作
教育课题研究　教育专题
讲座　上示范课　微课制
作　听课评课　职称答辩
教师仪表训练　学科班会

整体课堂管理主要工具

整体课堂管理的主要技术和工具包括四类：核心技术与工具、关键技术与工具、支持技术与工具、基础技术与工具。其中，核心技术与工具主要是制订精准的学习目标，这是整体课堂管理的核心。关键技术与工具包括培养高质量的思维能力、构建有效的反馈路径、促进学生的自主学习三类。支持技术与工具包括课堂评估（静态评估工具、动态评估工具）和课堂升华（教育文体写作、教育课题研究、教育专题讲座、上示范课、微课制作、听课评课、职称答辩、教师仪表训练、学科班会等）两类。基础技术与工具则包括了课堂设计（教案设计、学案设计、拓展案设计）、课堂研究（教材研究、学生研究、教师研究、课堂资源研究）和课堂创建（导入、导出、强化、组织、试误、媒体选用、语言、板书、提问、讲解、变化、演示、习题测评、试卷编制、课件制作等）三类。

四、学习、模仿、创新是教师专业成长的三个步骤

教师的成长是从学习开始的。教师无论以什么样的方式、通过什么样的渠道进入教师队伍，走上讲台，都离不开学习。

一是学习。首先，学什么？目前，许多教师都喜欢"快餐式"的培训，他们喜欢听一些一线教师的现身说法，喜欢听他们是怎么做的，这本无可厚非。但教师们可能忽视了这些被挑选出来的教师"代言人"角色，这些教师擅长演讲，其内容并非全部本人所为，而是一个"集大成"的内容，他们的报告内容代表教育的"高地"，会有一些局限，即使是他们个人的经验，由于个性鲜明，也不一定适合其他教师。为什么许多教师参加越多这样的培训，越觉得没意思呢？就是因为学完后回去完全用不上。因此，教师不要学习别人是怎么做的，而要多想想他为什么要这么做。其次，怎么学？教师的学习是一个不断积累的过程，许多教师一有空闲就看书，但他的课堂就是引不起学生的兴趣。为什么？学习别人东西的时候，要带着问题学，要在学别人东西的时候解决自己的问题，这是学习的关键。一个人常常读书而不去思考，充其量只是一名"搬运工"。教师在学习时，有三点是必须学习的，即：与课堂教学有关的内容、与学习方法有关的内容、与学生心理健康教育有关的内容。这些都是课堂信息量的充分构成条件，这应该引起教师的注意。再次，学了怎么办？孟子曰："尽信书，则不如无书。"教师要学以致用，为用而学。每次培训我都会要求老师们回去后，把这几天的所学、所记、所思带回自己的学校，结合自己的校情、班情、生情，加以创新应用，千万不要听的时候激动、下课以后摇动、回去后不动。特别是一些已经证明科学、有效、简单、易行的教育教学通用方法和策略，如果自己以前没有用过，更应该在自己的学校、班级尝试一下。

二是模仿。一些新教师由于缺乏教育教学的实践与经验，对教育教学的规律性、学生的特点还处于了解阶段和认识阶段，这时模仿就是必要的。怎么模仿？首先，求"形似"。如上课，目前"通行"的要求有导入、导出、合作三大环节，教师的课堂上一定要有这三个环节，不然考核就过不去。许多优秀教师的成长表明，他们在一开始任教的时候，都有过模仿别人做法的经历。其次，求"神似"。教师的模仿是积极主动的模仿，要追求"神似"，不能消极被动地模仿。教师在模仿别人的时候，要考虑自己的个性特点和所教学科的性质、学生的学情等综合因素，不能盲目、消极、不动脑子地模仿别人的教学方法。因为这样的模仿，是不可能最终形成具有自己特色的教学风格的，是一种浪费式模仿。

三是创新。教师在综合运用先进的教育教学方法的基础上，形成自己的学科教学知识，使教学艺术发挥明显的效应。教师在自己的教育实践中创造一种教学风格，这标志着教师教学艺术的成熟。因此，这是一切有志于教育事业的教师孜孜以求的。那么，教师的教学风格应具备哪些特点呢？首先，要有独特性，教师的教学个性要较明显地体现出与众不同的特色，体现在课堂教学和对学生的教育。教师的教学行为与方法大多有利于教学效果的优化和教学效率的提高，教师对学生的教育行为和矫正方法大多有利于学生正确价值观的形成。其次，要有"韵味"，即能够让人回味，有人情味。最后，要有稳定性。教师的风格形成后，在一定阶段，其教学艺术风格在教学过程的各个环节都具有独特而稳定的表现，呈现出浓厚的个人色彩，散发出魅力。至此，教师的模仿性就会越来越少，而独特性和教学个性成分则会越来越多。当其教学的独特性和教学个性发展到一定程度，呈科学的、稳定的状态时，也就标示着其教学风格的形成。比如：李吉林老师的情景教学法。

总之，教师要想在教育教学中形成自己的风格，一定要掌握教育教学的基本功，也就是我们通常所说的"通识技能"，没有这个基础，教师的创新就是海市蜃楼，教师的职业就不可能有幸福感。

整体课堂管理的核心是实现教师的自我成长。教师要想上好一堂课，就离不开课堂研究、课堂设计、课堂创建和课堂评估这几个环节，而仅仅把课上好，自己没有得到成长，就会后劲不足，迟早会职业倦怠。因此，教师必须进行"课堂升华"。课堂升华的目的就是让教师通过前面的课堂研究、课堂设计、课堂创建和课堂评估行为，由"教书匠"变成"教育家"。整体课堂管理的主要做法就是对教师的课堂研究、课堂设计、课堂创建、课堂评估和课堂升华的行为过程进行优化管理，让教师掌握其核心的、关键的、基础的技术，也就是"必须掌握的技术"，把一些教师可做可不做的行为淡化甚至去掉，在给教师减负的同时提高教师的教学效率。

"整体课堂管理工具"作为教师教育"通识技能"的工具手册，包括基础知识、课堂研究、课堂设计、课堂创建、课堂评估、课堂升华六册，基本上涵盖了中小学一线教师的教育技能。与其他同类的图书相比，本套手册具有以下特点：

第一，全面性。本套手册从一线中小学教师的职业特点和工作内容出发，从课堂研究、课堂设计、课堂创建、课堂评估、课堂升华五个方面全面构建了教师"做"的原理、途径和方法，涵盖了教师职业的各个方面：在课堂研究方面，介绍了教材研究、学生研究、课堂资源研究、教师研究四个方面的主要方法；在课堂设计方面，介绍了教案设计、学案设计、拓展案设计；在课堂创建部分，除了课堂常规之外，介绍了导入、强化、组织、试误、导出、媒体选用、语言、板书、提问、讲解、变化、演示等技能的具体方法与策略；在课堂评估方面，介绍了教师备课、听课、评课、上课以及论文写作、课题研究等全部评价指标和动态评价语言设计；在课堂升华部分，介绍了教师教育反思、文体写作、对外展示、课题研究、微课设计等方法与策略。另外，本套手册对班级管理中的技能也一并进行了详细介绍，比如，仅班级活动的设计，就介绍了从小学一年级到高中三年级每周班会的设计内容。

第二，科学性。本套手册从心理学的角度出发，用管理学的方法，提出了教师获得教育技能并最终获得职业幸福感的科学手段和方法。教师通过阅读本书，能够掌握和获得教师通识技能，从而找到自己的职业幸福感，实现自我价值。

第三，系统性。本套手册构建了教师课堂研究、课堂设计、课堂创建、课堂评估、课堂升华五个系统的具体方法，从而将教育技能形成一个综合封闭的系统。教师通过阅读本书，基本上就能解决日常教育教学中的困惑和问题。

第四，工具性。本套手册并非一般的知识介绍，而是提供了一套具体的"流程图"和一个"工具箱"，教师可以按图索骥，按表运行，它为实现教师教育技能与行为的规范性提供了"模具"。作为一套普及版的"教师技术工具箱"，本套手册在保证通俗阅读的同时，突出了可操作性的特点。教师阅读本书后，能够将其中的许多方法和观点运用于自己的教育教学实践中。

第五，动态性。本套手册按照国际流行教师培训教材的编排方式，以"图书编排模块化、版式设计轻松化、内容文字词条化"为主要版式特点，教师可以边阅读，边思考，边实践，边提升，从而使教师的图书阅读与技能提升同步完成。

毋庸讳言，由于时间紧张，加之我们的学术水平还有不少欠缺之处，本书中的分析和举例也许不成熟甚至失之偏颇，但我们希望本书的出版可以使全国中小学教师能对自己的职业技能有一个全面的有益认识，帮助广大教师真正提高自己的教育技能，从而乐享职业幸福并享受教育人生。同时，也希望本书可以抛砖引玉，使更多更好的相关论著问世。

交流改变人生，沟通连接你我。广大一线教师，如果您需要专业方面的探讨，可以通过发送电子邮件的方式来联系我，邮件的地址是：1164859826@qq.com。希望能与广大中小学青年教师们多交流、沟通，让我们共同进步。

刘正荣

二〇一九年五月于北京

目　录

整体课堂管理对教师的培训采取的是"目标开花，围点打援"的模式，即首先让教师掌握精准的教学目标制订策略，其次让教师掌握关键技术的使用，再次让教师掌握支持技术，最后才是让教师进行基础技术的学习和掌握。这种方式实际上是把教师的基础技术和核心技术进行重新组合，让教师在一开始就知道教学应该做什么，在这个"应该做什么"的环节，教师把其他技术进行有选择的使用。

　　所谓关键技术，就是实现课堂教学有效性的技术保证。重点包括三类：培养学生高质量的思维，构建有效的课堂反馈路径，促进学生的自主学习和评价。

第一单元　培养学生高质量的思维

科学设计考试命题，重点考查学生利用所学知识分析问题和解决问题的能力。这种以培养核心素养为目标的课堂变革，核心是培养学生的高质量思维，这必然使合作学习、自主学习、探究学习成为主要课堂形态。

一、新课堂的主要形式

1. 合作学习模式

合作学习（cooperative learning）是 20 世纪 70 年代初兴起于美国，并在 70 年代中期至 80 年代中期取得实质性进展的一种富有创意和实效的教学理论与策略。这是学生为了完成共同的任务，有明确的责任分工的互助性学习。作为一种结构化的、系统的学习策略，合作学习是由 2—6 名能力各异的学生组成一个小组，他们在这个小组内，以合作和互助的方式从事学习活动，共同完成小组学习目标，小组成员在提高个人的学习水平的前提下，提高整体成绩，获取小组奖励。合作学习鼓励学生为集体的利益和个人的利益而一起工作，在完成共同任务的过程中实现自己的理想。

合作学习改善了课堂内的学生心理气氛，能够大面积地提高学生的学业成绩，在促进学生形成良好是非认知品质等方面取得良好效果，被誉为"近十几年来最重要和最成功的教学改革"。我国合作学习出现于 20 世纪 80 年代末 90 年代初，目前，已经在很多地方落地开花。

（1）合作学习的理论基础

①合作学习目标结构理论

目标结构理论由多伊奇（M. Deutsch，1949）提出。多伊奇认为目标结构主要有三种类型：合作型、竞争型、个体化型。合作型目标结构让团体成员之间的交往变得更为频繁，他们会相互帮助，相互鼓励，每一名成员都能在更大程度上感受到尊重和被其他成员接纳。因此，他们在完成任务的过程中，表现得更积极，水平提高得更快。只有小组成功时，小组成员才能达到各自的目标。因此，小组成员必须相互帮助才能获得成功。这就在小组内创设了积极的人际关系，它使小组的每个成员都会对同组同伴所做出的努力给予积极的社会强化，如表扬和鼓励。

另外，斯莱文（Slavin，1978）发现，在传统教学班级中地位很低的学生由于合作小组的成就而获得了他们的社会地位。科尔曼（Coleman，1961）还发现，成绩水平较好的学生由于在小组合作中处于"领导阶层"，这使他们变得更自豪和更有信心，从而愿意付出更多的努力进行自身的学习和帮助同伴成功。许多研究者都证明了这一点。

②合作学习发展理论

皮亚杰学派认为：在适当任务中，孩子们之间的相互作用提高了他们对关键概念的掌握和理解。维果斯基认为合作活动比个体活动更为优越，可以加速儿童认知水平的发展。另外，一些研究者也发现，被辅导者通过同伴的解释和帮助提高了认知发展水平，辅导者进行辅导时需要重新组织材料并抽取最重要的材料进行讲解，这也进一步巩固了他们已学的知识，使他们在学习上获益。

总之，合作学习可以培养学生的合作精神、交往能力、创新精神、竞争意识、平等意识、承受能力，激励学生主动学习，现代教师必须掌握这一学习模式。

（2）合作学习模式

①合作学习类型

备忘录

合作学习的类型

序号	类型	释义
1	拼板型	这种合作学习的方式类似于拼板或拼图游戏。每个学生被分成学习和研究两个小组。在确定学习目标后，小组成员先到各自的研究小组研究、分析要解决的问题。完成后，研究小组成员再回到各自的学习小组。学习小组共享研究小组的研究成果。
2	调查型	可将学生按兴趣爱好、感情友谊、特长进行分组。教师先给学生介绍课堂所要学习的内容，由全班学生来讨论学习内容并拟定一套需进一步讨论的命题。每个学习小组选一个命题，并把这个命题分为若干小问题分配给小组每个成员。每个成员负责研究自己的问题，将研究结果写成报告。最后汇总形成总报告，再与全班同学共享他们的研究成果。
3	编号型	这种方式常用于复习教学，适合处理明确的问题。先将学生分成 4 人小组，并按 1－4 进行编号。教师提出问题后，每个小组的全体成员共同讨论问题的答案。之后，教师叫编号进行提问，被叫到编号的全体成员举手回答问题。回答问题后，教师再征求其他组的意见。
4	配对型	学生先两人一组互相讨论学习，后与全班共享他们的讨论结果。最后让持其他意见的同学发表自己的看法，帮助这个两人小组。

②目前主要的合作学习的类型

备忘录

目前主要的合作学习的类型

序号	类型	释义
1	问题式	教师和学生互相提问、互相解答、互为教师，这是既能答疑解难又能激发学生学习兴趣的一种合作学习形式。可分为生问生答、生问师答、师问生答、抢答式知识竞赛等形式。在实施教学时，教师应根据学生的学习心理特征设置问题。
2	表演式	教师通过表演的形式，激发学生的学习兴趣，培养学生自主探究的学习品质。表演式作为课堂的小结形式，检验学生对所学知识的理解。
3	讨论式	教师让学生对某一内容进行讨论，学生在讨论的过程中实施自我教育，以达到完成教学任务的目的。
4	论文式	教师带领学生按照预先的设计，开展社会调查实践活动，学生以论文的形式汇报自己社会实践的结果，这样可以提高学生的合作和研究能力。此类活动一般每学期举行2—3次，寒暑假是举办这类活动的最佳时间。
5	学科式	将几门学科联合起来开展合作学习。如语文课学了与春天有关的文章，教师可让各学习小组围绕春天去画春天、唱春天、颂春天、找与春天相关的各种数据、观察与春天相关的各种事物等，学生最后写成活动总结。

③合作学习组织和实施技能工具

在课堂教学中，教师如何组织合作学习呢？

工具箱

合作学习组织和实施技能工具

序号	技能		评价
	技能类型	实施策略	
一	时机选择		
1	解决难题	学生学习或解题时往往会碰到难题，感到无从下手。这样的情况开展合作学习效果较好。	
2	操作实验	许多学科知识需要学生用看、听、问、量、画、剪、拼等操作方式来探究、发现和总结出规律和结论，需要师生、生生间的互相合作才能完成。	
3	意见不一	在分析和解决问题过程中，学生们有时会出现较大的意见分歧，这是学生参与合作学习的极好时机，可形成极为浓厚的研究氛围。学生对模糊的地方可以质疑，对不同的观点可以辩论。	
二	具体方法		
1	分组	一般为异质分组，但要考虑学生的实际情况，如果两个同学关系很好，很谈得来，把他们分开后，他们在小组内感到孤独，或因为扮演模式化的角色而活跃不起来。	

续　表

序号	技能		评价
	技能类型	实施策略	
二	具体方法		
2	学习进度	不同学生学习同一材料的速度是不一致的。在小组合作学习中，一些能力较差的学生要么跟不上小组的速度，要么勉强赶上。如果小组因害怕能力较差的学生掉队，而放慢甚至暂停小组学习去辅导他们，这对于大部分学生来说是不公平的。因此，小组成员角色分配要平衡。	
3	权威控制	异质小组内会出现能力强的学生控制小组的局面，这对内向、文静的和能力较差的学生不利，还会制造"懒"生。因此，对学生进行权力约束也很必要。	
4	及时处理组内冲突	小组内成员因个性、背景等不同，容易出现争吵、不愿合作的情况，教师要能合理应对。	
5	提早制订合作制度	合作学习中，教师要提前制订各种制度，包括奖励和处罚制度。	
三	操作要素		
1	明确学习目标	在实施合作学习前，教师须向学生讲明学习目标，并提出具体的要求：通过合作学习须掌握哪方面的知识和技能。	

续　表

序号	技能		评价
	技能类型	实施策略	
三	操作要素		
2	认可既定目标	学生须接受和认可既定的学习目标，小组全体成员须把他们所在小组的学习目标当作必须完成的任务来对待。	
3	恰当选择内容	教师要根据教材内容和学生的实际情况选择合作学习的内容。要选择有一定思考价值的问题但要符合学生的实际情况。对于那些探索性和开放性的问题，如条件、思路、答案等，可采用合作学习的方式。	
4	提前进行指导	在实施前，教师要给学生明确的指导，如学生要做什么、以何种次序、用什么资料、考核办法是什么等都要提前告诉学生。	
5	控制小组差异	小组内成员间须有学习能力、文化背景、知识背景和性别等方面的差异。这使学生能够尽可能多地接触到不同的观点，增大知识面。	
6	同等成功机会	让每一个学生相信自己拥有与别人一样的学习机会和成功的机会。	
7	积极相互帮助	教师在分配小组学习任务时，要告诉学生只有通过互相合作才能完成任务，让学生知道他们是一个团队。	

续 表

序号	技能		评价
	技能类型	实施策略	
三	操作要素		
8	当面直接讨论	要求学生必须进行面对面的直接交流和讨论。	
9	掌握社交技能	教师要向学生讲明正确的社交行为和社交技能。	
10	加工内部知识	每个学生都必须完成一系列与学习目标相关的内部知识加工任务，如理解、解释、建立知识点之间的联系、赋予含义、组织数据和评价所学知识的相关性以及对所学知识的应用。	
11	掌握所学知识	要让学生能够真正理解和掌握应学知识内容和考试内容一致。	
12	保证学习时间	教师须给每一个学生和小组充足的时间以便他们完成学习目标。	
13	完成个人职责	每个成员都必须对自己承担的任务负责。教师事先了解每个学生的能力，分配给他们力所能及的学习研究任务。	
14	表扬学习成果	鼓励和表扬出色完成学习任务的小组。	
15	总结学习结果	总结包括：小组学习目标完成的如何；在学习中学生有没有互相帮助；学生们在小组中的协作精神，学习态度好不好；下次怎样做得更好……	

动手做

设计一份合作学习的教学案例。

合作学习虽然有很多优点，但我们也应该看到合作学习的局限性：

一是合作学习依靠任务关联、条件关联、成绩关联等外在的因素，使小组成员彼此互助。学生受到教师权威的胁迫而暂时凑成一组，缺乏合作的内在动机。

二是合作学习方法有缺陷。合作学习的理论假设是：与他人合作的教学目标或任务可以促进学生间的合作，有效地激发学生的自我意识，引导学生尊重他人并且自尊，培养学生的主动参与精神和合作态度，使学生习得社会交往技能。在这一前提下，合作学习是积极有效的。但合作学习研究的对象是学生，他们之间的关系是平等的，合作学习中的变数较多，其过程呈现出动态生成的状态。这些生成的结果往往是积极的，对学生的发展起着至关重要的作用，但往往被忽略了。

三是合作学习条件界定不清。从当前国内外丰富的研究成果和实践来看，人们对合作学习的适用条件没有明确的界定。其一，不是所有儿童都适合在小组中学习。学习主体的个性、文化差异对合作学习方式的选用有着制约作用。其二，不是任何一种合作学习策略均适用于所有的学科。各学科的学习规律有所不同，合作学习策略不可千篇一律。其三，合作学习不适用于所有的学习任务。简单的知识技能教学任务无须小组合作学习。只有探索性的思考题、拓展性的训练题、比较性的分析题、多步骤的操作题等要求发挥集体智慧和力量的内容，才适合采用合作学习方式。其四，运用合作学习不能缺少相应的物质条件，班级硬件条件差和班级规模大会限制合作学习的运用。在我国中小学里，绝大多数班级规模较大，合作学习很难开展。

2. 自主学习模式

基础教育课程改革的具体目标指出："改变课程实施过于强调接受学习、死记硬背、机械训练的现状，倡导学生主动参与、乐于探究、勤于动手，培养学生搜集和处理信息的能力、获取新知识的能力、分析和解决问题的能力以及交流与合作的能力。"根据这一精神，现代课堂要倡导学生学会自主学习。

自主学习是与传统的接受学习相对应的一种现代化学习方式。顾名思义，自主学习是以学生作为学习的主体，通过学生独立地分析、探索、实践、质疑、创造等方法来实现学习目标，学生自己做主，不受外界干扰，通过自主学习、阅读、听讲、研究、观察、实践等手段使个体得到持续变化的行为方式。

自主学习的目标是：让学生愿学乐学、会学善学、自省自控，具有环境适应、自主选择、参与竞争、积极合作等能力。

备忘录

自主学习的学生应具备的能力

序号	能力名称	释义
1	制订并在必要的情况下调整学习目标的能力	
2	判断学习材料和学习活动是否符合学习目标的能力	教师要对学生进行充分了解和综合评估。如，通过成绩测试了解学生目前的水平；通过学能测试了解学生自学成功的概率和程度；通过心理和智力测试了解学生的智力水平、学习风格、个性特征、情感特征等；
3	选择学习材料和学习内容的能力	
4	选择或自我设计学习活动方式并执行学习活动的能力	教师要帮助学生明确自身的需要；教师要帮助和指导学生掌握拓宽信息渠道、获取信息的技能，以便在选择学习内容、学习材料等方面具备更高水平；
5	与教师或其他学习者进行协商的能力	
6	监控学习活动实施情况的能力	教师要与学生共同探讨学习方法、交流学习体会、交流学习材料，并在必要的时候提供支持；
7	调整态度、动机等情感因素的能力	教师要指导学生与他人交流，并在必要的时候提供帮助。
8	评估学习结果的能力	

工具箱

自主学习的组织技能

序号	组织技能		评价
	技能类型	释义	
1	制订计划	严格按照这个计划开展学习（有些学生并不喜欢这样）。	
2	建立目标意识	确立一个目标，有利于坚持学习（必做）。	
3	确定范围	从所用的教材到知识面都要先确定下来，除特殊情况，一般不能改动。	
4	注重学习的氛围和环境	可以和好朋友一起开展关于学习的比赛，让学习的环境活起来。	
5	自我检查和反省	找出自己自主学习中出现的问题和漏洞并改正。	

　　无论是哪一门学科，教师都要注重引导学生自主学习。尤其是在课堂教学中，教师要明确学生是学习的主体，让学生动手、动口、动眼、动脑，使学生积极参与教学活动，并能自主地投入教学过程中，从而品尝获取知识的愉悦。教师诱发学生学习的主动性，使学生紧紧围绕着教师的言语和教学思路，产生积极的心理情感。

动手做

设计一份自主学习的教学案例。

3. 探究学习模式

探究性学习指学生在学科领域内或现实生活情境中选取某个问题作为突破点，通过质疑发现问题，通过调查研究和分析研讨来解决问题，通过表达与交流等探究学习活动来获得知识并掌握方法。这种学习方式是以问题为中心的探究活动，要求学生在回答问题时，运用自己所学的知识来进行分析并解决。

探究性学习能让学生从探究中主动获取知识，应用知识，解决问题。但并不是所有的问题都适合探究性学习模式，而且，探究式学习作为一种学习方式，也不同于科学家的探究活动。探究性学习必须满足学生在短时期内学到学科的基本知识和学科的结构，这个过程在许多情况下都被简化了，如，大部分的教学活动都是由教师或教材提出问题；省去了学生设计实验环节，一般由教师和教材来确定研究方法、步骤、所用材料等。但探究性学习给学生提供了进行完整的科学探究活动的机会，这对学生体验科学家的探究过程是非常必要的。

探究性学习的最终目的是要学生掌握科学研究的方法，帮助学生领悟科学的本质。在这个过程中，学生能够体验科学探究的艰难，了解科学家在科学研究中可能遇到的各种问题，以及科学家怎样通过一次一次的尝试来解决问题。这对培养学生的科学素养和科研素养非常重要。

备忘录

探究性学习的基本模式

序号	模式	释义	举例
1	实验实践式	基本程序为：提出问题→动手做实验→观察记录→解释讨论→得出结论→表达陈述。教师通过设置适当的活动和任务，使学生投入真实的情境中去，学生在亲自动手操作的实践过程中学习知识、掌握科学的思维方法、培养对科学的积极态度。	美国的许多中学活动和课程都被整合到了具体学科中，这为学生提供了多样化的学习方式，使学生在真实情景中通过亲自操作来学习知识。法国《小学科学教学动手做活动指南》专门列出了这种模式的实施要点。
2	情境探索式	将各种不同的情境和相应的探索活动有机结合起来，实现多样化的情境探索学习模式。一是为不同类型学生设置适合其知识水平和心理特点的特定情境，引导他们进行积极的探索，并能在探索过程中自主地选择适当的辅导内容和辅导方式；二是通过在一系列精心设计的情境中进行探索，学生不仅能获得基本知识和基本技能，而且能掌握有效学习的方法，发展创新意识和实践能力。	

工具箱

不同学段探究性学习策略工具

学习阶段	目标	策略与方法
小学阶段	培养学生的观察能力、描述能力、根据观察结果进行解释说明的能力。强调科学探究的经验和对假设的思考，不要过分强调科学术语的使用、科学结论和信息的记忆。	科学探究为主。 低年级学生：鼓励其谈论和画出所见、所闻和所想。 高年级学生：学会记日志、使用仪器并记录观察结果和测量结果。 以系统的观察、对常见物体的摆弄、测量为基础，对物体及其属性进行检验和定性描述，从事分组和分类的活动，思考这些物体之间的共同之处和不同之处，以及对自然现象进行观察和跟踪记录。学会利用简单的设备和工具来收集数据，并学会以口头方式、图示方式或书面方式来展示研究过程和研究结果。
初中阶段	掌握系统观察、精确测定、确定和控制变量、使用计算机处理和解释数据、构建初级建模、推理和生活中运用的知识和技能。	学会系统的观察，能够进行精确测定（定量描述），并会确定和控制变量； 学会运用计算机收集和处理并解释数据，并在此基础上预测和构建模型； 学会通过批判性和逻辑性思维建立证据和解释之间的关系； 学习把所学知识运用在科学探究的各个方面，并认识到不同性质的问题需要进行不同的科学探究。

续　表

学习阶段	目标	策略与方法
高中阶段	能够对任务或问题探究的整体进行一个较为详细和科学的解释，得出符合科学的结论。	能够阐明问题、方法、对照组、变量的选择与控制、实验的误差； 能对指导科学探究的概念和理论框架进行思考和说明； 能构造出一种解释方案或一个模型（物理模型、概念模型或数学模型）。

在组织学生进行探究性学习时，教师首先要展示科学家的探究过程，潜移默化地引导学生掌握探究的基本方法；其次，教师要组织创设科学探究的情境，让学生全体参与探究过程；第三，要把思维品质的提升作为重中之重，狠抓"发现问题"环节，突出思维的敏锐性。教师要鼓励学生提出多种假说，培养思维的批判性和创造性，强调运用思维的概括性去总结规律；第四，教师要把探究性学习与现代技术结合起来；第五，探究性学习的评价应以形成性评价为主。

在探究性学习实施中，教师要注意以下问题：一是强调学生主动投身其中，教师应在各个科目中大力提倡，不应挑三拣四；二是不同学段对探究的水平有不同的要求，教师要熟悉每个学段的学生和学习任务的特点；三是在探究性学习实施过程中强调学生的主体作用，同时重视教师的指导作用。教师的组织和指导作用体现在指导学生选择课题、指导学生开展活动、指导组织结果评价三个方面。

工具箱

探究性学习评价工具

序号	评价指标	释义
一	评价内容	
1	态度	可通过学生在活动过程中的表现来判断。如，学生是否认真努力地完成了自己所承担的任务；学生是否积极参与，并展示出责任感；学生是否主动协作，与组员的关系是否协调；学生是否主动提出探究设想和建议。
2	情感	主要通过学生的自我陈述、小组讨论的记录以及活动开展过程的记录等反映出来。
3	技能	对学生在探究性学习活动环节中掌握和运用有关方法、技能的水平进行评价，如查阅和筛选资料、对资料归类和统计分析、使用新技术、对研究结果的表达与交流等。
4	能力	学生在探究活动中从发现和提出问题、分析问题到解决问题所显示出的探究精神和能力，教师要通过活动前后的比较和几次活动的比较来评价学生的发展状态。

续 表

序号	评价指标	释义
一	评价内容	
5	结果	可以是一篇研究论文、一份调查报告、一件模型、一块展板、一场主题演讲、一次口头报告、一本探究笔记,也可以是一项活动的设计方案……
二	评价方法	
1	教师评价与学生的自评、互评相结合	
2	小组评价与组内个人评价相结合	
3	书面材料的评价与学生口头报告、活动、展示的评价相结合	
4	定性评价与定量评价相结合	
5	评价指标宜宽不宜窄,宜粗不宜细,宜简不宜繁	

自主学习、合作学习、探究学习比较

课堂形态 / 课堂类型 / 课堂环节	新授课程			复习（巩固）课		
	自主学习	合作学习	探究学习	自主学习	合作学习	探究学习
导入	1. 激发兴趣 2. 学习内容 3. 动作要领，技术标准	1. 激发兴趣 2. 完成过渡 3. 提出学习目标	1. 激发兴趣 2. 提出问题	1. 激发兴趣 2. 复习旧知识	1. 激发兴趣 2. 完成过渡	1. 激发兴趣 2. 提出问题
学习	1. 提出问题 2. 分析问题 3. 制订方案 4. 实施方案 5. 总结反思	1. 建立学习小组 2. 制订学习规则 3. 开展动态评价 4. 关注重点对象	1. 提出目标 2. 确定形式 3. 小组构建 4. 进行探究 5. 总结归纳	1. 确定问题 2. 找出原因 3. 制订方案 4. 自主学习 5. 总结反思	1. 小组构建 2. 制订学习规则 3. 强化学习目标 4. 合作学习 5. 开展动态评价	1. 找出原因 2. 寻找方案 3. 比较选优 4. 方案实践 5. 总结反思

续　表

课堂类型	新授课程			复习（巩固）课		
课堂形态 课堂环节	自主学习	合作学习	探究学习	自主学习	合作学习	探究学习
导出	1. 课堂呈现 2. 学生评价 3. 教师提升	1. 学生自我评价 2. 学生互相评价 3. 教师提升总结	1. 课堂呈现 2. 学生互评 3. 教师提升	1. 课堂呈现 2. 学生互评 3. 教师提升	1. 学生自评 2. 学生互评 3. 教师点评	1. 学生总结 2. 学生互评 3. 教师提升

动手做

设计一份探究学习的教学案例。

二、通过提问培养学生高质量思维

1. 思维与高质量思维的特点

思维是指人用头脑进行逻辑推导的属性、能力和过程。通常意义上的思维，探索与发现事物的内部本质联系和规律性，是认识过程的高级阶段，涉及所有的认知或智力活动。

2014年，国务院发布《国务院关于深化考试招生制度改革的实施意见》（国发〔2014〕35号）其中明确提出高考考试内容要"增强基础性、综合性，着重考查学生独立思考和运用所学知识分析问题、解决问题的能力"。也就是说，思辨能力将成为学生最重要的能力之一，思辨能力的培养也成为课堂教学的主要任务。在思辨能力培养的诸多手段中，课堂提问是最重要的方式。因此，这也成为教师必须具备的基本技能。

提问是基本的教学手段。教师的整体课堂管理是否有效，与提问的质量好坏密切相关。在整体课堂管理中，衡量教师提问质量好坏的主要标准是看提问能否启动学生的思维。

思维对事物的间接反应，是指它通过其他媒介作用认识客观事物，及借助于已有的知识和经验，已知的条件推测未知的事物。思维的概括性表现在它对一类事物非本质属性的摒弃和对其共同本质特征的反应。

培养学生高质量的思维，是近年来最热门的话题之一。所谓高品质的思维，就是拥有独立思考的能力。包括三个方面的含义：理解信息、分析思考和表达意见。这三个方面的质量决定了思维的品质。

备忘录

思维质量的含义

序号	思维质量评价指标	释义
1	理解信息	一是能够分清事实和建议。除了能够分清这两个概念外，能够分辨出信息的真伪。对于别人的建议，不急于做价值判断，能充分了解对方意见背后的真实想法。 二是能够理解对方的真实意思。能认真地聆听对方的想法。可以通过复述对方的话来检验自己是否真的理解了对方的意思。 三是弄懂自己使用的概念。检验的标准是讲给孩子听，如果孩子能听懂，则说明自己弄清这个概念了。
2	分析思考	一是能多角度思考，能站在不同的人的角度、维度去思考。如果为了维护自己的判断而不断寻找对自己有利的证据，则会陷入思维误区。 二是能进行深入思考。即能根据未来可能发生的情况制订应对方案，能以事实为依据，用真实的数据做出判断。 三是能抓住最主要的方面做出正确的决策。
3	表达意见	一是能够提出具有个人思维特征的意见，并能够说明充足和科学的理由。二是能够接纳并为不同意见提出替代方案。 三是能够做出总结，总结的重点应突出，但也能兼顾其他不同的意见。

2. 设计高质量的问题策略

教师与学生的课堂互动，主要是通过提问来完成的。提问是教师在教学过程中，教师和学生之间常用的一种相互交流的方式。其目的是检查学习、促进思维、巩固知识、运用知识、实现教学目标。提问技能则是教师运用提问的手段以及对学生回答做出的反应方式，促使学生参与学习、了解学习状态、启发学生思维，是学生理解和掌握知识、发展能力的一种教学行为。

教师的提问最早是在 1912 年由美国的史蒂文斯进行了系统的研究。史蒂文斯发现，在课堂上，教师提问和学生回答问题大约占了 80％ 的时间，教师在讲课过程中每分钟约提出 2－4 个问题。

高质量的课堂提问能够引导和帮助学生实现高质量的思考，促进高质量思维能力的形成。与此同时，在课堂学习的一问一答之间，教师更能够掌握学生的学习情况。

教师的整体课堂管理是否有效，与提问的质量密切相关，这一点毫无疑问。所以说，我们在整体课堂管理中，把衡量教师提问质量好坏的主要标准确定为看教师的提问能否启动学生的思维。

教师提问的能力不是天生的，是在自己的专业发展过程中一步一步成长起来的。有一点是可以肯定的，教师必须有这个意识，自己脑子里如果有了这个意识，就会自觉地投入提问的研究和实践中。从这个意义上说，教师的成长，不是一个校长和局长能说了算的，关键靠自己。

（1）问题的类型

问题的类型按照认知层次来划分，可以分类低级认知提问和高级认知提问两类。

备忘录

提问的类型

序号	类型		解释
1	低级认知提问	回忆性提问	要求学生对（概念、定义、事实等）具体的知识进行回忆，并立刻能用正确和错误来进行判断。常用关键句：什么是……？说出……什么时候。……
2		理解性提问	要求学生能够用自己的话来叙述所学的知识，能比较和对照事件的异同，还要求学生能把一些知识从一种形式转变为另外一种形式。常用的关键句：请用你自己的话来解释……
3		运用性提问	通过建立一个简单的问题情境，让学生运用新获得的知识和回忆过去自己所学知识去解决问题。常用关键句：请你用所学的 XX 理论来解释……

续　表

序号	类型		解释
1	高级认知提问	分析性提问	要求学生是识别条件与找出条件之间、原因与结果之间的关系。关键句：为什么？什么因素？得出结论……
2		综合性提问	要求学生能预见并创造性地解决问题。关键词、句：预见，如果……会……，总结等。
3		评价性提问	要求学生根据一定的标准对一些观念、价值观、问题的解决办法或伦理行为进行判断和选择，要求学生能提出自己的见解。关键句：你有什么看法？为什么？

（2）问题设计

泰德·雷格（Ted Wragg）在其研究中指出，教师的课堂提问中，最多的属于管理问题，如，谁来回答这个问题？谁已经完成这个任务了？占57％；课堂提问中，属于检查和理解类的提问，如，勾股定理的概念是什么？什么是平行四边形？占35％；而最应该使用的探究型提问，这种提问能够鼓励学生思考问题，只占了8％，如，为什么会出现这样的现象？

事实上，每个教师都可以提出一些量少但质量高的问题来提高自己的提问技巧。许多专业的教法研究成果都把教师的提问作为基本技能来对待的。整体课堂管理认为，提问是一种非常复杂的技巧，需要教师不断地加以改进和提升，从这个意义上讲，提问更多的应是一种教学艺术，需要教师终身学习和研究。

什么才是好的问题？这其实没有一个固定的标准，取决于学习的目的与学习的环境，当然，与学生的学情也是密切相关的。教师在课堂上，可以通过提一些检查性的问题来检验学生掌握知识的程度，也可以通过提一些管理类的问题来实现课堂组织，但要培养学生思辨能力，教师所提出的问题就必须引起学生思考。

我们把"能够引起和培养学生思辨能力的问题"称为"高质量的问题"。但是，在目前的课堂提问中，我们很少看到提"高质量问题"的情况，出现在课堂上的大多是一些"含金量"较低的提问。这些问题就不能实现"提升学生思维"的目标。目前，课堂常见的提问方式和类型主要有：

题外问：同学们，你们平时课前3分钟做什么呢？

查找问：答案在哪里？用笔画出来。

所提问题与教学无关：班长来了么？学习委员来了么？

自问自答：3+2等于几？是不是等于5？

惩罚问：李小乐，起来，回答！

选择问：下面这几个，哪一个是对的？

简单判断：白居易是唐宋八大家之一吗？

记忆问：她是哪儿的人？

表态问：今天咱们争取用一节课，行吗？

一般性询问：那位同学，因为什么没看完呢？

是非问：这位同学的答案对吗？同意的请举手。

非探究式思考问：如果考试非要出这道题，怎么回答？

目的不明确：看看下面这张图，大家发现了什么？

命令式提问：知道答案的请举手！

潜在的命令：你不能回答这个问题吗？

威逼式提问：通过这篇课文你们明白了这个道理，不是吗？

随思录

评估一下自己的课堂提问行为，高质量问题比重占多少？

那么，什么才是"高质量"的问题呢？

备忘录

高质量的问题标准

序号	标准	释义	举例
1	能启发	学生能够根据教师提出的问题，利用所学知识来分析问题和解决问题，从而培养学生利用所学知识分析问题和解决问题的能力。	植物生长需要光合作用，但沙漠中的植物为什么那么矮小？
2	开放	开放式的问题是指教师所提出的问题不止一个答案。	你是怎么认为的？为什么会这样认为？相加等于12的两个数有哪些？
3	可讨论	问题比较大，需要学生讨论才能完成。	所有正方形都是矩形吗？
4	与教材相关联	教材中的练习题主要关注的是知识点内容，教师可以据此提出问题。	这个知识点还可以有哪些出题方式？
5	与生活相关联	教师可以把问题放在具体的情境中，让学生利用已知和能理解的知识进行解决。	勾股定理在生活中的什么地方能用到？是怎样运用的？

续　表

序号	标准	释义	举例
6	非判断问	教师所提问题中本身含有答案，学生只需要回答是还是否。这类问题应尽量减少。	8是偶数吗？
7	可拓展	通过问题对比、逆向结论、区别异同、重新分类、寻找特殊情况等方式，将记忆性问题变成探究性问题。	这两个词有什么不同？说明理由。
8	关注过程	简单地得出问题的答案没有意义，重要的是让学生知道怎么得出这个答案。	这个问题的答案是如何得出来的？
9	设置争议	对于记忆性的问题，教师可以将其设计成能够引起争议的判断，引导学生进行讨论。	麻雀到底有益还是有害？为什么？
10	帮助学生思考	教师通过问题帮助学生思考。	你认为……？你能解释一下……吗？你能尝试……吗？你是如何完成……的？

续　表

序号	标准	释义	举例
11	关键问题	关键问题要与学习目标紧密相关，且不能太多，3－4个即可。问题的层次应高一些。	鸦片战争后，中国人的生活发生了哪些变化？

教师提出的问题较浅，缺少思维深度，就会掩盖学生学习过程中应有的矛盾和思维的碰撞，扼杀了学生学习的主动性，从而造成学生学习的诸多遗漏。如果教师所提的问题很宽，有思维深度，学生就会有自主选择的权力和引发讨论的机会，真正成为课堂的主人，这样，其主体地位也就得到落实。

学生为什么不愿意回答问题呢？主要原因包括：没有听清楚；没有听明白；不知道答案；偷懒；知道老师会说出答案；指望其他同学；怕答错了；不擅长表达；害怕当众发言；紧张；没兴趣参与；学习基础和能力差；诚心和老师作对……

课堂问题的主要类型应是启发式的问题，也就是应提开放式的问题。这类问题的答案需要学生利用学过的知识来扩展自己的知识面和提高自身的理解能力。如，为什么离窗户较远的植物生长得不好？如植物需要光线才能生长好，那为什么沙漠中的植物长得那么矮小？启发式问题的答案需要思考并且其本身更为复杂，这类问题的答案需要证明或解释一个结论、一种观点，而且可能会有很多种正确的答案。

一个问题是开放的还是封闭的，不仅仅依据问题本身，还应依据教师提问的意图，即教师想通过这一问题达到什么目的。事实上，封闭的问题也可以变得"开放"起来。如，"天空是什么颜色？"这样提问的答案只能是"蓝色。"答案是唯一的，封闭式的。如果这样问："天空会是什么颜色的？"，学生就可能回答"从灰色到明亮的红色……"甚至更多的不同的答案。

因此，教师如果想把问题变成能启发学生思维的问题，就要想办法让问题变得开放起来，那么，教师就一定要改变提问方式，同时给予学生更多的鼓励，以激励他们战胜困难。

教师应变封闭式问题为开放式问题，使学生可以提出各种不同的解决方案，这不仅要求学生认真思考，而且可以展示出学生理解的广度和深度。变换策略见下表举例：

序号	不要这样问	可以这样问
1	8 加 4 等于几？	12 可能是几加几的答案？
2	这是什么形状？	你能画出哪些不同形状的长方形？
3	这个动物叫什么？	你能说出多少种不同类型恐龙的名字？
4	水是液体吗？	你会怎样对一个外星人解释水的属性以使他理解水是液体？
5	我们需要做什么电路才能畅通？	为什么两条电路中有一条电路是通的，而另一条电路是不通的呢？

序号	不要这样问	可以这样问
6	怎样才是一个故事好的开头？	这两个故事开头哪一个更能激发你的阅读兴趣？为什么？
7	为什么这种植物不生长？	这两种植物有什么不同？为什么？
8	我们从哪里获得水源？	自来水和海水有什么相同点和不同点？
9	7 加 9 等于几？	你是怎样计算一个数加 9 等于几的？
10	24 的 2/3 是多少？	你是如何计算 24 的 2/3 的？
11	西红柿是水果吗？	你是如何确定西红柿是不是水果的？
12	什么是动词？	表演一个动作，其他人猜相应的动词是什么。在举出几个例子之后，引出动词是表示人或事物的动作、存在、变化的词。
13	哪些食物是健康的？	没有食物是不健康的。对还是错，为什么？

续　表

序号	不要这样问	可以这样问
14	恃强凌弱都是坏的吗？	恃强凌弱者往往是坏人，你同意还是反对，为什么？
15	什么药物对你是有害的？	所有药物都是有害的。对还是错？为什么？
16	谁救了白雪公主？	白雪公主不值得被解救，你同意还是反对？为什么？
17	为什么要有监狱？	我们需要监狱。同意还是反对？为什么？
18	大型设备总是有噪声吗？	大型设备总有噪声。同意还是反对？为什么？
19	你的影子从哪里来的？	没有光的地方就没有影子。对还是错？为什么？

备忘录

问题从简单开始的 6 个层次

层次层级	层次类别	释义	举例
第一层次	知识	可以选择不同类型的信息，并在需要的时候回忆其内容。	在……之后发生了什么？……中，哪一个是真的？
第二层次	理解	可在基本水平上赋予信息以意义	你能通过举例来说明你的意思吗？
第三层次	应用	可以在一个新的情境中运用学过的技能	你能把这个方法运用到你自己的某些经历中吗？
第四层次	分析	可以把信息分解成几个部分，并使部分与整体相关联	这个与……有哪些相似之处？你为什么会发生这样的事？
第五层次	综合	可以结合现有因素创造一些新的内容。	对于……你能想出一些新的、不同的用法吗？

续 表

层次层级	层次类别	释义	举例
第六层次	评价	基于公认的标准，对某件事情的价值做出客观判断。	对……有更好的解决方案吗？你建议做什么改变？为什么？为什么会这样认为？

下面，以《金发姑娘和三只熊》为例，来进一步理解"问题从简单开始的6个层次"。

知识：《金发姑娘和三只熊》讲了一个什么样的故事？

理解：为什么金发姑娘最喜欢小熊的床？

应用：如果你是金发姑娘，你会怎么做？

分析：金发姑娘是好女孩还是坏女孩？为什么？

综合：在这个故事中，你最喜欢哪一部分？

评价：你认为熊对金发姑娘好吗？

一般我们用"什么""谁""哪里""何时"等问题形式来获取信息，用"如何""为什么"等问题形式来解释这些信息。在设计问题时，教师可以采用这样的形式来实现自己的提问意图。

工具箱

问题设计工具表

选用依据 选用目的	学生分 析结果	教材分 析结果	资源分 析结果	教师分 析结果
激活动机				
发展思维				
反馈信息				
交流表达				
组织调控				
其他				

问题设计表

问题设计		
提问形式设计	提问内容设计	评价
回忆性提问	提什么内容的问题？	
	在什么时候提问？	
	如何提问？	
	谁来回答？	
理解性提问	提什么内容的问题？	
	在什么时候提问？	
	如何提问？	
	谁来回答？	
运用性提问	提什么内容的问题？	
	在什么时候提问？	
	如何提问？	
	谁来回答？	
分析性提问	提什么内容的问题？	
	在什么时候提问？	
	如何提问？	
	谁来回答？	
综合性提问	提什么内容的问题？	
	在什么时候提问？	
	如何提问？	
	谁来回答？	

续　表

问题设计		
提问形式设计	提问内容设计	评价
评价性提问	提什么内容的问题？	
	在什么时候提问？	
	如何提问？	
	谁来回答？	
问题归纳		

动手做

　　根据某一节教学内容，设计一份提问方案并进行评估。

3. 课堂提问的高质量策略

增加高质量问题的主要策略是增加问题的"含金量"。

什么是增加提问的"含金量"？其判断标准有三个：一是看这个问题能否让学生动脑筋，能让学生动脑筋的问题含金量就高，反之就低；二是看这个问题是否包含在教学内容的重点中，包含在教学内容重点中的内容含金量就高，反之就低；三是看这个问题提出的时机和方式是否恰当，时机和方式如果恰当，含金量就高，反之就低。由此看来，教师的提问管理是决定整体课堂管理效果的关键因素。

课堂提问的基本过程是教师发问—候答—叫答—理答四个步骤，这实际上反映的是教师认识水平和学生行为表现之间的和谐程度。很多教师没有意识到自己的教学方式阻碍了学生的课堂参与，反而抱怨学生不学习。

提问是由教师在课堂教学中创设问题情境，引导学生积极定向的思考而提出疑问的一种教学活动方式。提问技能是教师运用提出问题、学生回答问题的方式，促进学生参与学习，了解学生的学习状态、启发学生的思维，使学生理解和掌握知识、发展能力的一类教学能力。对提问技能的训练应是教师基本技能训练的重要方面，教师应打破以往的"是"与"不是"的简单提问，注重每一次课堂提问的价值，最大限度地发挥师生双方的创造性。

动手做

如何理解课堂提问就是培养学生思辨能力这句话？

备忘录

课堂提问技能的标准

序号	技能	标准
一	基本要求	
1	主题明确得当	具有趣味性，以学生感兴趣的方式提出来； 每个问题都是为实现教学目标、完成特定的教学内容而提出来的； 具有科学性，做到：直截了当、主次分明、围绕问题、范围适中、语言规范、概念准确。
2	难易程度适中	能从学生的实际情况出发，符合学生的年龄特征、认知水平和理解能力； 按教材和学生认识发展的顺序，先提理解性问题，再提分析综合性问题。
3	问题有启发性	不提知识面大而广的问题； 不提以下问题：题外问；自问自答；表态问；是非问；选择问；查找问…… 让尽可能多的学生参与回答，实现全体学生都能在原有的基础上有所提高的目的； 能启发大多数学生的思维，引发大多数人的思考； 要从联系旧知识入手进行启发； 能进行同类对比启发； 在学生回答出现困难时，能指导学生从教材中找出问题的答案； 能运用直观手段，如多媒体、实物等进行启发。

第一单元 培养学生高质量的思维

序号	技能	标准
一	基本要求	
4	做到适时停顿思考	提问后给学生思考的时间； 能用学生的语言提问，不用强制语言； 不能出现不耐烦、责难等态度； 提问后不随意解释和重复，防止出现用词稍微不同导致问题意思发生变化的情形。
5	指导与分配及时	能根据学生的理解程度及性格特点对提问进行适当的分配，以调动每个学生学习的积极性； 能观察到班级里学生学习兴趣的高低； 能给予不善于表达的学生机会； 能引导学生完成问题的回答； 能关注到每个学生； 不能"威胁"不愿意参加交流的学生。
6	做到随机应变	能把握提问时机； 能依照教学进度和学生思维进程提出问题； 当学生思考不充分、对问题理解不够时，不轻易代替学生回答问题； 能耐心倾听学生的回答； 能正确对待提问中的意外； 应鼓励学生回答问题。

序号	技能	标准
一	基本要求	
7	正确提示 与探询	应简明易懂，不重复，以免养成学生不注意听教师发问的习惯； 能正确使用提示方法：一是回忆已知的旧知识或生活经验； 二是使学生理解已学过的正确知识；三是使学生明确回答问题的根据和理由；四是使学生应用已学过的知识解决问题； 五是引导思考，活跃思维，产生新的想法；六是使学生进行判断和评价。
二	步骤	提问环节的标准
1	发问	问题的目的：明确； 问题的性质：启发性，能激发学生思考； 问题的清晰度：准确清晰； 发问的次数：适当； 问题的难度：适中； 发问的对象：面向全体学生。
2	候答	教师发问后，要给学生留出充分的时间，以便学生思考和探索。 候答时间1：教师发问后学生回答前的时间； 候答时间2：学生回答后教师做出反应之前的时间。 有研究认为：候答时间1—2秒，称为质疑式；3秒以上，称为对话式。

第一单元 培养学生高质量的思维

序号	技能	标准
二	步骤	提问环节的标准
3	叫答	叫答分可预见叫答与随机叫答两种。 尽量避免自愿回答； 叫答的范围要广，面向中等学生，顾及全体，使每个学生的机会尽量均等； 问题的难度与被叫学生的水平相适应； 不同学生可以回答同一问题。
4	理答	无论正确答案还是错误答案，教师都应进行转问、追问、探问。转问即用一个问题向另一个同学发问；追问就是教师再提出一个问题，由同一个同学回答；探问就是对同一个同学继续发问。之后，教师需要再组织，即在解答的最后阶段，对学生的回答重新组织概括，给学生一个明确、清晰、完整的答案。教师不应把学生正确的答案和错误的答案同时摆在学生的面前。

有了好的问题，如何才能更好地提出这些问题呢？我们可以尝试以下的这些工具。

（1）制订课堂提问规则和课堂提问常规

课堂规则是用来管理严重过错的。课堂常规则是用来说明如何在课堂中正确执行各项活动的，如，特定的课堂活动每次都要按相同的既定步骤来执行。课堂规则不应超过 5 条。如，不可以打骂同学。课堂常规包括如何按秩序用餐、如何举手示意发言、如何加入或退出讨论小组、如何交作业等，应制订详细的条款。若学生没有遵守课堂规则，教师应有相应的处罚措施。若学生没按正确的课堂常规行事，教师应帮助他掌握正确的课堂常规。

教师只要一条或两条规则即可高效管理课堂，关键在于教师要不断强调和重申规则。课堂常规并不需要同时实施：首先要从最重要的方面开始，如，吸引学生注意力的课堂常规；其次是在教学过程中，教师应在之前的基础上增加少量新内容。若学生忘记了某个具体的课堂常规，教师应重申正确的步骤。如学生需要指导，教师应示范。如学生违反了某条课堂规则，则没有讨论的余地，必须按事先约定的进行处罚。

提醒：如果学生经常在一些小的常规问题上犯错，教师可以按规则进行处理。如，教师已制订按顺序发言的课堂常规，某学生却总是随意讲话，经多次提醒仍无效。教师可明确告诉他，如再出现随便讲话的情况，将按违反规则来处理他。但应谨慎使用。

只有当学生明白在课堂上哪些可以做哪些不可以做，并知道教师会始终按照既定的规则和常规行事的时候，他们才会遵守这些规则和常规。

需要注意的是，务必让你的学生也参与进来，大家一起来制订课堂规则。

工具箱

建立课堂规则

序号	可以做	不可以做
1	做你自己。在课堂上独立思考，有自己的观点。学生应按照自己的想法来回答老师的问题，而不是按照老师的要求来回答。	不准在课堂上羞辱任何人，包括自己。任何人都没有羞辱别人的权力，这是人的基本权利。

续 表

序号	可以做	不可以做
2	发表个人观点。学生可以在课堂上发表自己的观点，无须强迫自己顺从别人的观点。	不准打架。学生在课堂上打架是不能接受的。
3	插话。在别的同学发表意见的间歇，可以插话反对，甚至和对方展开辩论。	
4	犯错误。允许学生在课堂上犯错误。教师必须告诉学生，在课堂上犯错是他们成长的必经之路，只要知道错在哪里就行。	
5	同意或不同意。对于教师和同学的问题，可以表达认可或者不认可。	
6	提问。学生可以随时举手提问，没有必要征求老师的同意或者看老师的脸色。	
7	积极参与，乐在其中。课堂学习中的所有活动，学生都应积极参与。	
8	诚实。犯错不要紧，只要诚实即可。	

动手做

请你制订出不多于 5 条的课堂规则，说明理由。最好将这些规则告诉学生。

请你制订具体的课堂常规，并在课堂上实践。

（2）掌握高级提问技术的构成要素

序号	技术	释义	比较
1	转引	把同一问题分配给两个或两个以上的同学，一个同学回答，其他同学补充。适合开放性的问题，也适用于封闭性的问题。	增加回答问题的学生人数，使尽可能多的学生参与对某一问题的讨论；是学生之间观点和经验共享的有效途径；培养学生的合作能力；提高师生活动水平；活跃课堂气氛。
2	探究	学生如果回答问题正确但不详尽、不深入，教师可要求学生提供更多的信息，进一步说明、澄清自己的观点，从而使回答更深入、更详细、更清楚、更规范。如：你为什么会这么认为呢？	避免学生对问题仅仅做出表面回答；鼓励学生挖掘问题背后所隐含的知识点；发展学生举一反三、触类旁通、融会贯通的能力；使教师了解学生的思维方式。
3	提示	学生回答不出答案、回答错误或不完整时，教师应通过层层启发，帮助学生慢慢接近正确答案，最终由学生自己得出结论。主要方法为：缩小思考范围；指明思考方向；把较难问题分解成几个较容易的问题；把一个较复杂的问题分解成几个较简单的问题；提供部分答案；提供与问题有关的旧知识或其他线索；类比；归谬……	

续 表

序号	技术	释义	比较
4	转问	学生提问，教师不回答而请其他同学回答。如，哪位同学可以帮助解决这个问题？	为教师提供思考的时间；增加学生间的交流，变师生互动为生生互动。
5	反问	学生提问，教师不回答，而请提问的学生来解释提出这样的问题的理由或给出答案。如，你能告诉我为什么要提这个问题？	
6	回问	当学生不能回答问题时，教师先把问题转引给学生，待其他学生回答正确后，再回头将原来的问题向刚才不能回答的学生提问，或者出一个类似的问题要求刚才那位不能回答的学生回答，直到他也能正确回答这个问题。	

　　北京师范大学郑国民教授曾说，课堂提问必须具备的三个条件：第一，问题本身具有启发性，也就是能激发学生的思考；第二，具有开放性，提出的问题，要让学生能够从各个思维的角度和方向寻找答案；第三，总是能引起思维的兴趣，又引起对话的魅力，就是向孩子和问题对话，同时学生与学生、与教师之间引起对话。

动手做

举例说明高级提问技术的要素。

（3）提问形式与教师反馈形式

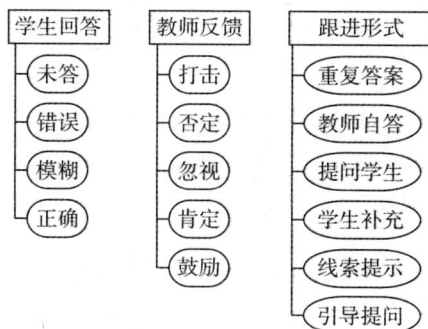

学生回答	教师反馈	跟进形式
未答	打击	重复答案
错误	否定	教师自答
模糊	忽视	提问学生
正确	肯定	学生补充
	鼓励	线索提示
		引导提问

（4）提问的行动区域

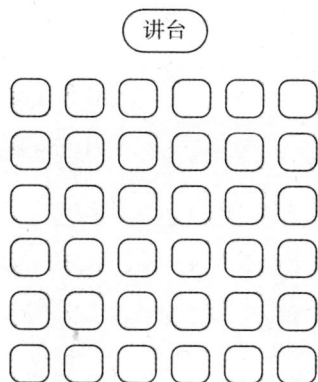

讲台

⬜⬜⬜⬜⬜⬜
⬜⬜⬜⬜⬜⬜
⬜⬜⬜⬜⬜⬜
⬜⬜⬜⬜⬜⬜
⬜⬜⬜⬜⬜⬜
⬜⬜⬜⬜⬜⬜

（5）在提问中使用讨论和对话策略

讨论是为了分享信息和解决问题而交流彼此想法的行为。对话则是通过提问和讨论达成共识，以便获得引导或提示，减少选择，降低风险和减少错误，并促进概念和原则的传递。

备忘录

讨论与对话的区别

序号	讨论	对话
1	讨论者心中已经有一个自己认为是正确的答案，之所以愿意讨论主要是证明对方是错误的，说服对方同意自己的意见。	对话者有部分答案，大家集思广益，把零散的、不成形的答案汇集成一个答案，以解决一个问题。其目的是寻求共识而非输赢。
2	讨论过程中，除了为自己的观点进行辩护，主要是寻找别人观点中的瑕疵，然后进行反驳。	对话过程中，人们会努力倾听别人的观点，并理解对方，寻找其中的共同点。

　　人若没有科学态度就不能知彼，没有反思精神就无法知己。相当一部分教师习惯于教训别人而不提高自己，不断强化教育者的身份而淡化了学习者的身份。部分教师无论什么事，绝不想自己有什么不对的地方。遇到自己不喜欢或不习惯的信息，不是先去接纳它，研究它，而是条件反射似的逃避。

　　在现代课堂中，教师需要具备倾听的能力，此外，还要在倾听中向学生传递出自己的一种愿望：我愿意倾听你们说了些什么。教师要学会为了理解而倾听，而非为了回答而倾听，这样，你就不会随时准备打断学生的发言了。

工具箱

课堂提问技能工具

序号	技能		评价或举例
	技能类型	释义	
1	提问后留出足够的时间	教师在提问结束后，至少应该留出 3－5 秒的时间让学生思考。	可能出现的情况： 更多的学生愿意回答问题；能力不够的学生回答问题的概率增加；学生给出的答案会更好一些；学生会更自信；更多的学生会提出问题……
2	给学生提供回答问题的策略与技巧	如果仅仅只是为了留出时间供学生思考，可能会出现其他一些问题。教师可以在等待的时候，提出一些提示性问题，使讨论得以继续。	你同意其中的哪一部分？我们能给她的答案做些补充吗？你听清楚她的回答了吗？如果你不明白，你可以向她提问……
3	不一定非要向那些举手的学生提问题	教师可以规定课堂提问时不用举手，即使举手，也可以向那些没有举手的学生提问题。	

续　表

序号	技能		评价或举例
	技能类型	释义	
4	使用学生能够理解的方式来获得反馈	学生可以和教师约定，他们的肢体语言代表什么。	点头：明白； 摇头：不明白； 微笑摇头：部分明白……
5	关注个别学生的学习进步	个别学生如果没有听明白或没理解教师的问题，教师可以继续上课，当其他学生做练习时，再给他们做个别辅导。如果没听懂的人数较多，教师可以将没听懂的同学与听懂了的同学组成课后小组，让他们合作学习。	
6	建立合作与分享模式	教师可以要求学生先尽可能多地提出自己的想法，再和另外一个同学进行交流，然后全班一起进行讨论，建立合作学习模式。	教师可以要求每个人或者每个小组最少给出一个答案。在讨论的时候，后面的小组或同学不能重复前面同学的答案。

续　表

序号	技能		评价或举例
	技能类型	释义	
7	积极而热情地回应学生的问题	教师通常可以采用三种策略：一是指导学生找到正确的答案；二是让全班同学来讨论这个答案；三是在学生回答问题过程中，教师可以不停地用"好""我在听""继续"鼓励性词语，让学生充满信心地回答下去。	教师的回应是肯定的或表扬的。如，很好，不错，我喜欢，谢谢……
8	多用探究型问题	探究型问题能够帮助学生更多或更深入地思考，还能帮助学生清楚地表达与分享他们思考的内容。	你能解释一下吗？你确定吗？你为什么这样认为？你是怎么知道的？你能举出一个例子吗？
9	如何处理学生的"不知道"	学生有时会说"我不知道"，教师可以先接纳，然后一步一步将知识渗透给学生，引导学生完成。	原则上，学生一旦接受问题，如果没有得出正确答案，教师不应简单地让学生坐下，换下一个同学来完成。教师可以用：你可以尝试……如果……怎么样？为什么不……。

续　表

序号	技能		评价或举例
	技能类型	释义	
10	让全班同学讨论某个学生的问题，然后再反馈给这个学生	如果学生回答的问题需要改进，教师不要自己解决，可以问："其他同学怎么想？"最后，教师可以让这个同学从答案中选择一个自己喜欢的答案，然后教师再问为什么要选这个答案。	这个方法可以让教室里的其他同学都能继续保持倾听和思考状态。
11	连续设问	教师可以先提问一个学生，再让第二个学生判断第一个学生的答案，然后让第三个学生来解释为什么这个答案是正确的或错误的。	

学生为什么不愿意回答问题呢？

学生为什么不愿回答问题？没听清问题；没听明白问题是什么；不知道答案；懒得想也懒得找；反正老师一会儿会说答案的；指望其他同学；怕答案不是老师要的；怕答错了被耻笑；不擅长表达和当众发言；一被点名就紧张；没兴趣参与任何事情；对这门课没兴趣；学习基础和能力偏差；诚心和老师作对……

动手做

就课堂提问技能工具中的某一个策略进行举例说明。

4. 如何设计和实施挑战性的课堂活动

课堂活动是学生实现自主学习、合作学习、探究学习的主要方式。现在的课堂中，大多数的小组合作实际上只是一个形式。事实是，学生只是在小组中学习而已，合作学习的效果没有得到发挥。

学生在课堂上参与的各种活动，能够实现这节课的学习目标。教师更多地要思考，哪些活动适合组织小组活动，而不仅仅局限于书面作业。挑战性的活动帮助教师把一部分学习内容变为学生参与的活动，让学生以小组为单位合作学习。这可以帮助学生们学会如何为一个共同的目标来合作学习。

今天的教育，侧重于对学生内心世界的研究和引导，鼓励学生自己认识自己。对待学生的问题，教师应尽量避免做评价，只是引导学生分析，由学生自己去判断是非，有时候根本不用论是非，只引导学生进行自我调节就可以了。因此，课堂小组学习活动的设计，也是以这个为基础的。

但是，对教师来说，设计小组合作事实上很难。它不仅需要教师具备很强的对教材、学生、课堂资源包括自己的认识能力，还要求教师具有很强的领导能力。因为在这个过程中，教师需要对整个教学活动进行精密的规划，还要制订和实施严格的课堂管理和纪律，甚至还要赋予学生一定程度的权力。不然，小组合作就不可能成为真正的合作，只是一种形式了。

如果要进行课堂活动，教师需要考虑以下问题：

教室是否能够实施这样的活动？

学生是否有完成这样活动的经历和经验？

活动是否必要？

哪项活动适合这节课的内容？

活动在学习的哪个环节使用？

实施这个活动的条件是否都已具备？如，学生对某个概念尚未理解，那么实施这个活动就早了一点；学生对某个概念已经完全了解，那么实施这个活动对学生就没有激励性和启发性了。

活动不用每节课都开展，关键是活动的质量，挑战性是最重要的评价指标。

（1）如何确定小组人数和类型

设计和组织小组活动，首先要确定小组人数和类型。

工具箱

确定小组人数和类型工具表

序号	小组类型	小组人数	目的与任务	比较
1	临时型学习小组	2—5人	为完成某一个学习任务而组建；小组存在的时间为一节课或者一个任务的时间；一般采用随机组合和自由组合的方式成立小组；常用于完成那些非学业性的任务。	小组人员少，容易组建；每个小组成员可以参加更多的活动；小组成员容易合作；适合处理简单且能很快达成一致的任务；教师容易管理，在讲授和小组合作之间容易转换。如，两人小组中，每个成

第一单元　培养学生高质量的思维

序号	小组类型	小组人数	目的与任务	比较
2	固定型学习小组	2—5人	学生为完成某个学业性目的而组建。如，要完成某项作业、某个项目、某个挑战任务，一般以一个学期或一个月为期限进行组建；小组成员按照能力强弱进行搭配，如，一个能力较强的，两个能力一般的，一个较弱的；成员有分工，如，有召集人（组长）、记录员、分析员、资料搜集员，还有一个人负责课堂呈现……小组由自由选择和教师调配结合组建。	员都会被重视，三人小组中，成员容易提出更多问题，可以用三种方式来进行互动，有助于观察过程。 人数较多的小组优点是能产生更多的结果，可以处理较复杂的问题和完成较大的合作，能为学生提供更高级的技能发展机会。如，四人小组容易组建（两个双人小组合并），四人组可有多种互动方式。
3	课外学习小组	3—5人	主要由同在一个小区（社区）的或相近小区（社区）的学生组成，一般按一学期或一年来组建，主要用于提高学生的价值观和开展社区活动，由教师负责组建。	

动手做

请举例说明异质型固定学习小组的优势。

（2）活动设计与实施

事实上，课堂学习活动的设计是比较难的，这就是许多教师不愿意开展课堂活动的主要原因。没有精准的学习目标的活动是没有意义的，而要实现这一点，确实需要教师精心设计和认真组织。

为帮助教师进一步理解活动的设计与实施，我们设计了以下活动，可以帮助教师们拓展思路。

①传数活动

工具箱

"传数"活动设计

活动目的	理解数的概念，知道数是如何分类的。		
小组数量	6	小组人数	6
序号	活动流程与规则		评价
1	选手上场		
2	宣布规则		
3	学生按组排成六路纵队		
4	主持人给每组的最后一名同学一个数字，这名同学要将这个数字传给他前面的那位同学，他前面的同学再将这个数字依次往前传。		
5	在传数的过程中，所有同学不能说话，不能回头，只能通过拍的方式把这个数字传给前面同学，并且后面同学身体的任何部位都不能超过前面同学的肩膀。		
6	每组最前面的同学接收到数字后，立即举手将答案悄悄告诉主持人，速度最快且答案准确的组获胜。		

续　表

活动目的	理解数的概念，知道数是如何分类的。		
小组数量	6	小组人数	6
序号	活动流程与规则		评价
7	共传数 3 次。每次传数之前教师可以给学生几分钟的时间商量方法。 第一次传数教师给出一个非常简单的数，一般可为两位整数，如 89 等，让学生放松警惕，传完后要求学生们总结第一次传数的经验教训并分享；第二次传数教师给出各种不同的数的形式，如分数或者小数，目的是让学生们出错，传完后再以组为单位总结经验教训并分享；第三次教师尽量给学生们在前两次讨论过程中商量到的数，如，可以为一位整数，让学生们能够感受到探究的成就感。		

　　这个传数活动可以培养学生对数的概念的理解外，还可以培养学生的规则意识、合作能力、沟通能力等，是一个比较好实施的学习方式。

学生为什么不愿问问题？

缺乏边听边思考的学习习惯；

缺乏能够提出问题的知识；

缺乏发现问题的基本能力；

缺乏善于提出问题的技能；

缺乏乐于提出问题的情感；

缺乏敢于提出问题的大环境；

缺乏学习的兴趣和热情……

②都来挑战我

工具箱

"都来挑战我"活动设计工具

活动目的	进一步理解本节课的概念，能够运用所学知识来分析问题、解决问题。		
小组数量	0	参加人数	全班同学
序号	活动流程	评价	
1	活动开始时间：教师讲授结束时		
2	宣布规则		
3	开始活动		
4	同学评价		
5	教师评价		
活动规则			
1	每位学生出一道与教师本节讲授内容相关的问题。		
2	每位学生必须知道自己设计的问题的答案和解决方案。		
3	学生完成设计后，由学生自己举荐，到黑板上写出自己的问题，写完后请全班学生来解答。		
4	如果班级里没有人能解答，则这名学生挑战成功。反之，由下一位同学接着进行。		

这个活动不仅让每个学生都能自己理解教师所讲授的内容，还让全班同学一起想解决问题的方法，促进了全班同学的健康竞争。

③掷骰子

工具箱

"掷骰子"活动设计工具

活动目的	让每个同学都能有机会参与小组活动，并具备本节课要求达成的能力		
小组数量	4—6个	小组人数	6人
序号	活动流程及规则		评价
1	教师提前准备好卡片，每个小组一套。		
2	在每张卡片背后标好顺序，如，1、2、3……并提前放好。		
3	每个小组围坐在一起，每个成员编一个号码。		
4	卡片扣在桌子上。		
5	每个小组准备好一个骰子。		
6	活动开始，选出第一个掷骰子的人。		
7	掷骰子得出数字后，相应编号的学生拿起卡片1，开始回答问题。		
8	以此类推，直到卡片用完。		

设计卡片时应该注意的是，卡片内容必须有关联，而且要按照知识关联的逻辑顺序放好。由于掷骰子是随机的，每个学生都有可能被掷到，因此，每个学生都会集中注意力准备回答问题。

④拼图

工具箱

"拼图"活动设计工具

活动目的	让每个同学都能记住自己已经学习的知识。		
小组数量	5—6个	小组人数	6人
序号	活动流程及规则		评价
1	教师根据一个知识点，准备好不同的任务，保证每个小组有一个任务。		
2	学生根据教师给出的任务，自己搜集资料，合作完成这一任务。		
3	每个小组抽出1人，组成新的小组。		
4	新小组成员每人需要分享在原来小组得到的成果。		

　　每个班的小组组成形式不是固定的，新的小组组成形式可以多种多样，根据班级人数和小组人数多少而定。在具体实施过程中，教师可以减少小组人员，变成人数更少的新的小组。如，把5个6人组变成6个5人组，把4人组变成3人组，等等。

⑤我们都是一家人

工具箱

"我们都是一家人"活动设计工具

活动目的	小组合作完成某一个项目，如撰写一部庭审剧，以加深学生对……的理解。		
小组数量	4—6个	小组人数	5—6人
序号	活动流程及规则		评价
1	教师确定一个教学主题；		
2	找出最核心的知识点；		
3	为学生设计一个"需要某些知识"才能解决这一问题的情境；		
4	引导学生自己去发现或搜集能解决这些问题的核心知识；		

活动目的	小组合作完成某一个项目，如撰写一部庭审剧，以加深学生对……的理解。		
小组数量	4—6个	小组人数	5—6人
序号	活动流程及规则		评价
5	让学生为实现教师的这个目的而完成一项任务，如撰写一部庭审剧；		
6	在完成这个任务的过程中，学生必须全面研究与这个任务有关的知识内容；		
7	列出完成这些任务的"标准"；		
8	确定学生完成这些任务所需要的时间及相关资源；		
9	根据学生的情况，组成异质合作学习小组。		

　　这个活动设计可以根据学生的实际情况和学习任务的重要性，把挑战任务放在真实的生活环境中，甚至可以让学生为自己所在的学校、社区提出一个具体的方案。

　　如，今年暑假，学校将组织一个科学考察小组前往四川海螺沟考查，请你给他们提供一份当地气候的报告。要求：是一份图解报告；提供所有气候信息，包括降雨量，不同区域的差异，与周围其他地方气候的对比，如何防止自然灾害等。

动手做

完成一个挑战性活动的方案设计。

第二单元 构建有效的课堂反馈路径

给予学生有效而且高质量的课堂反馈，是教师的核心技能之一，也是教师的职业道德的重要组成部分。

课堂反馈实际上就是动态评价，以促进学生更有效的学习为目的。在课堂反馈路径的构建中，教师的主要任务是帮助学生缩小自己已有知识与能力同未来希望获得的知识与能力之间的差距。也就是说，教师应千方百计地为学生提供支持和帮助。事实上，只有这样的反馈，才是真正的"有质量"的课堂反馈。

一、动态评价的有效策略

动态评价主要是教师口头进行的。任务型的教师喜欢不停地强调自己的想法，他会肯定学生的成绩并提出建议。他们的这种客观而准确的评价，可能会给人公事公办的印象或中立的印象。人本型的教师更喜欢强调自己的态度，喜欢强调自己满意和失望的地方，喜欢诚实地说出自己的感受，可能会给人以操纵或侵扰的印象。如，以任务为中心的反馈可能是这样的：你作文写得很好（原因列举），但是你如果能做到……你还可以进一步完善你的作文。以人为中心的反馈可能是这样的：我很喜欢读你的作文，也很欣赏你为之付出的努力，尤其喜欢那一段关于……

教师不要以为以人为中心的反馈就一定是表扬，也可以是非常具有挑战性的。如：我对你的这篇文章非常失望，你完全可以写得更好一些。

理想的情况是，教师在课堂上给予每个学生的反馈都能在"以人为中心"和"以任务为中心"的两种反馈之间达到平衡。

工具箱

教师课堂动态评价技能

序号	技能建议		举例
	技能	释义	
1	对事不对人	教师在进行口头评价时，不能以学生怎么样为评价内容，应该强调学习任务本身，并提供解决问题的方法，帮助学生解决学习中遇到的困难。	忌讳：你以前挺好的啊！你还没想明白吧？ 提倡：这个问题有点难吧？尝试一下……方法？
2	注重师生关系	在课堂中，教师应始终表现出自己有兴趣参与到学生的活动中去，这会对学生起到一定的激励作用。事实证明，教师参与到学生活动中，并和学生融为一体，是非常好的一件事。	可以使用的句子： 你怎么解决的？我可以看看……吗？
3	平等对待每个学生	教师应关注学生的进步，而不是表现。要注意欣赏学生的差异。	学会表扬。

续　表

序号	技能建议		举例
	技能	释义	
4	评价频率合理	过多的评价会影响师生关系。教师应少使用或不使用"应该……""不能……"这样的话语。	忌讳：谁让你这么做的？ 提倡：如果……会怎样？
5	以鼓励为主	鼓励可以在课堂上的任何时间进行，不一定非得是学生取得了什么成绩。即使是学生付出了努力，但并没有取得什么成果的时候，教师也可以鼓励。表扬一般发生在取得成绩后，学生如果没有取得成绩，会认为教师的表扬有点"虚伪"。	可以使用的句子： 还不错。 对，就这么继续…… 今天你的思路不错！ 这正是我们需要解决的……
6	站在学生的角度进行评价	站在学生的角度进行评价，实质就是教师要随时注意学生在课堂上的各种感受，并认同这些感受。不管学生的观点是对还是错，教师都是会接纳的。	可以使用的句子： 嗯，我明白。 我知道你很难受……

序号	技能建议		举例
	技能	释义	
7	避免空洞的表扬	过度表扬会导致学生反感，这会让他们觉得自己很失败，因而产生不满。教师和学生感受一致时表扬才有效果。反之，学生会感到困惑。教师不能试图通过表扬来操控孩子。	空洞的表扬的目的是提供保护，目标则是让人顺从；有条件的表扬的目的是表示许可，目标则是让人遵守要求；鼓励性表扬的目的是告知，其目标是提高学生的自信心；肯定性表扬的目的是肯定，其目标是增强学生的自信心。教师可以仔细体会这些话的意义。
8	多给学生提出有价值的建议	对于学生来说，建议应该是有明确方向的。从某种意义上说，建议反映的是平等的师生关系，意味着学生可以和教师展开平等对话。	可以使用的句子： 你今天的表现让我感到骄傲。 我知道你可以做得更好。 你今天做得很好，我很高兴！
9	多给学生描述将要努力的方向	使用描述的方法可以减少教师的总结性评价，甚至可以帮助教师改进学生的方案，既可以指出学生的优点，也可以指出学生需要做哪些方面的改进。	教师可以向学生描述他已经取得的成绩，同时描述他有待提高的地方；教师描述自己的感受和反应以及期望；描述某个问题和行为的结果是什么。

第二单元　构建有效的课堂反馈路径

序号	技能建议		举例
	技能	释义	
10	多和学生分享自己的感受	教师与学生分享自己的感受，可以表现出欣赏的意思。如果教师分享的是真实感受，这对学生来说，就是事实，而不是评价。	可以使用的句子： 你在某一段写得让我印象很深。 这幅作品中，色彩运用是我最喜欢的。 很高兴你还记得……
11	引导学生进行自我评价	教师只需要描述评价的标准，不需要直接去评价学生的行为和表现。	人物描写时，应恰当地、准确地使用比喻等修辞手法。
12	不能打击学生	教师在任何时候都不能打击学生，学生最怕受到教师的嘲笑。	除了使用表情语言（如笑容、眼神、手势、皱眉等），教师可以采用重复学生的回答（1894 年?），质疑学生的回答（是 1894 年吗?），追问（确定是……?），提示（如何得出……的?）等方式来肯定而不是打击学生。

续　表

序号	技能建议		举例
	技能	释义	
13	以复述的方式倾听	教师把学生的发言复述一遍，表示自己在倾听。	可以使用的句子： 因此，你认为…… 于是，你觉得……
14	使用积极的说话方式	教师要尽力避免语言暴力这样消极的评价方式。	忌讳： 管理控制：坐端正！ 威胁警告：再不…… 责备：怎么回事？ 横向比较：我当年…… 随便预测：你再这样下去，就……
15	避免一对一的反馈	一对一反馈会让学生感觉教师是在抽查自己。	忌讳：你应该在这里…… 你漏掉了什么？ 提倡：如果要……我们该怎么……？

续 表

序号	技能建议		举例
	技能	释义	
16	反馈和评价应该具体而积极	教师可以在两个评价之间增加学生需要改进的内容。即在肯定学生所取得成绩后，提出学生有待提高的部分，再指出他该如何改进。	可以使用的句子： 我很喜欢你在……的……，你还可以……你可以尝试从（用）……地方（方法）……
17	处理特殊情况	一些学生可能"什么都不会"，教师需要给他们提供恰到好处的支持。	可以使用这样的句子： 你先看看这个问题，用自己的话复述一遍…… 先看……这段，找出其中重要的三句话……
18	反馈必须与学习目标一致	反馈评价必须与学习目标一致，这将确保学习过程的连续性。	可以使用这样的句子： 做得不错，你已经……

动手做

请你完成一个课时的静态评价设计。

有行为就应有评估，有评估才能知晓其行为是否有效，其方向是否正确，是否需要做哪些方面的改进。课堂评估是促进学生成长，同时也是促进教师发展和提高课堂教学质量的重要手段。因此，评估应该伴随学生和教师职业生涯的全过程。

评估说白了就是检查。检查是对我们工作（或学习）的质量或成果的水平做出的合理判断。

整体课堂管理之所以用"课堂评估"而非"课堂评价"，是因为评价是一种结论性的判断，而评估除了结论性的判断外，还包含对这种判断考察研究等的推断过程。因此，评估本身就是一个动态的过程，涉及的面更深一些，在可信度、可行性方面是具有客观性、指导性和结论性的。这也符合以发展眼光看待学生的理念。

二、静态评价的有效策略

静态评价主要形式包括批改作业和进行书面评价。

1. 作业批改策略

批改作业是每个教师都要遇到的事。批改作业往往被认为是教师的负担，也是教师最不喜欢做的事之一。但是，教师应该意识到，批改作业不仅仅是判断对与错，也牵涉到教师与学生的情感交流，还涉及教师与家长的情感交流。但是，很少有人思考过这个问题：我们为什么要批改作业？批改作业时什么是最重要的？

首先，我们要清楚，作业批改和检查是两个概念。凡是涉及计算、绘制图表等与学生课本信息转换有关的内容，教师只需要检查作业是否完成、是否正确即可，甚至可以由学生自查或同伴互查，不需要教师批改。教师的重点应放在引导学生进行高质量的思考上，需要教师引导性的评价，需要教师写出高质量的评语，我们称这种为批改。

其次，教师批改作业的最高境界应该是：批得少，学得好。教师再像以前那样，将全班同学的作业本带回家，用红笔批改到深夜，这样的情况不应该提倡。

第三，作业的评语应该符合以下要求：一是要给学生具体说明他的作业做得好的地方在哪里。二是要指出他为什么做得好。三是应指出其作业不太成功的地方有哪些。最后，还要给学生提出具体的改进建议。

动手做

为什么说作业批改和作业检查是两回事？

工具箱

学生作业批改评价技能

序号	技能建议		举例
	技能	释义	
1	"优点＋建议"模式	教师在批改作业后，评语撰写采用"优点＋建议"模式，将学生所取得的进步和教师的建议写给学生。教师在强调学生优点的时候，不能用一个标准，而是使用符合这个学生的标准，主要看对这个学生来说，他是否进步了。教师要结合学习目标来进行评价，要让学生了解他和以前比取得了哪些进步。	这些具体的建议包括：学生需要做什么？教师可以提供哪些帮助？教师每次批改作业最好给学生指出三个以上的优点，提出最少一个改进建议。对于学生的优点，教师也可以不用写出书面评语，用彩色笔在学生做得好的地方标注一下即可。
2	关注点不能太多	教师批改作业时，如果关注点太多就不能对学生作业中出现的问题给予有效的指导。因此，关注点一个即可，最好不要超过两个。这样教师在给学生写建议时，能够做到更详尽而不是泛泛而谈。	关于语法问题，建议你……

续　表

序号	技能建议		举例
	技能	释义	
3	评语要具体而实际	好的评语能够为学生指出正确的方向。教师可以采用向学生提出几个问题、设定学生能够够得着的目标的方式来作为自己的建议。这实际上也是给了学生具体的帮助。更为重要的是，教师在考虑如何帮助学生的时候，应该把学生的需要考虑进去，如，有的孩子需要帮助，有的孩子则需要鼓励。	你认为植物生长需要哪些条件？你能否设计图标来说明这些条件？……
4	提示法	这种方法只对学习能力强的学生适用。重点在于提醒学生应该注意或实现哪个学习目标。	再进一步…… 想象一下如果这样，会发生什么？ 增加……
5	框架法	这种方法对大多数学生实用，特别是学习困难的学生。主要是给他们提供具体的学习建议。	你能描述一下如何……吗？ 具体说明一下…… 再进一步说明……，比如……

序号	技能建议		举例
	技能	释义	
6	列举法	适用于中等水平学生。教师给出一些建议，提供部分信息。	讲一道例题。他之所以被大家喜欢，是因为他……
7	鼓励学生和教师对话	对于那些需要进一步启发的学生，教师可以通过留言促进师生对话。	你为什么会这么认为？你可以再解释一下吗？
8	实用思维导图	教师可以要求学生在每个学习主题结束之前，根据所学内容完成思维导图。教师获得这些思维导图后，将其分为理解和不理解两类，重点处理没有理解的学生的情况。	
9	分层批改	教师可以把学生作业分为三个层次，对每一层次的学生采取同一种批改方式。向层次较高的学生提出方向，向中等水平的学生提出建议，向较差的学生提出"优点＋建议"。	

续 表

序号	技能建议		举例
	技能	释义	
10	集体批改	如果全班同学的问题比较集中，教师可以通过使用投影仪展示学生作业的形式，进行集中批改。展示之前，教师应先将作业发给学生，提示他们先按照学习目标进行自查。展示时，教师要告诉学生那些优秀的作业到底哪里优秀。	

2. 如何对学生进行书面评价

美国心理学家认为，不同的思维方式可以决定一个人对待反馈的方式。比如，固定思维模式的人会坚持认为"我做不到"，而学习思维的人会认为"我想通过努力来做到"。

目前对学生的评价，教师习惯于给学生打分或者给出类似于"A、B、C、D"的等级。但我们应该明白，教师对学生的评价，如果过于注重分数或等级，会使学生将关注点集中到分数上面，这就违背了评价的初衷。给学生打分是很容易的事，但评价的重点应该是给学生指明未来努力的方向。

动手做

为自己设计一个作业批改方案。

工具箱

学生书面评价技能

序号	技能建议		举例
	技能	释义	
1	比较法	让学生互相评价对方的作业，并指出对方的优点和不足，然后写下来。	
2	目标法	随时在评语中提醒学生学习目标是什么，现在的情况距离学习目标达成还有多远的距离。	
3	简洁易懂	教师的评语应该考虑：一、评语应该是合理的、必要的。教师应该考虑什么样的评语适合这个学生？这样评价学生有合适的理由吗？二、评语应该清晰明了。教师应该考虑这段评语对学生来说是否太抽象，不易理解。三、评语应该与学习目的以及我们所了解的学习方法一致。教师应该考虑这段评将促进还是妨碍学生的学习。	"上课要专心听讲，认真完成作业，多思考"这类的评语就毫无意义，因为学生并不知道怎么才能做到。

续　表

序号	技能建议		举例
	技能	释义	
4	要求学生做出反应	如果学生对教师的评语没有反应，那么评语就不能称为反馈。教师可以在课堂上对自己的评语进行一些提示，并且和学生进行讨论。	我在……上给你的建议，你是怎么理解的？你怎么才能做到？你尝试了吗？
5	准备一个专门的评语本	教师可以让学生准备一个专门的本子，用来记录教师的评语，以便学生和作业本对照看。时间长了，这也会成为学生宝贵的学习指导手册和成长记录手册。	

案例库

郑××：

　　你是一个聪明伶俐、活泼好动的小女生，也是个精美的小话匣子，一幅简单的图画都能被你说成一个生动而有趣的故事，就像你的名字一样充满了诗情画意。课堂上，你总能敏捷而准确地回答出问题，又能在课外组织同学搞好班级活动，大家都很喜欢你。但是，你的小话匣子经常在不恰当的时候打开，影响同学们听课。希望你以后注意，并努力使自己成为一个精美而有很好调控机能的"宝匣子"，好吗？

爱你的全老师

动手做

为自己设计一个书面评价方案。

三、构建安全、有序、有效的课堂反馈路径

安全、有序、有效是课堂管理的主要目标。安全是前提，有序是手段，有效是目的。安全，是指学生在课堂上要有心理上的安全感，在课堂上不孤独、不恐惧、不焦虑。有序是指有秩序。有秩序意味着教师要制订课堂规则。有效是指课堂管理的结果，实现教学的有效性是整体课堂管理的目标。

工具箱

构建安全、有序、有效的课堂反馈路径技能

序号	技能建议		举例
	技能	释义	
一	创建安全的课堂		
1	使用询问句而非教导语言	教师在课堂上使用的语言应该是征询口气，而不是教导的口气，更不能有控制或威胁的语气。	提倡：你希望你怎样参与化学课？我可以怎样帮你？ 忌讳：你听明白了吗？为什么不明白？
2	共建策略	教师可以与学生合作建立安全的课堂，与大家一起制订课堂常规。	我们一起讨论一下，怎样才能使我们的课堂变得安全起来。
3	不用分数施压	教师不能在课堂上公布学生的分数。分数可以私信给学生或家长。	
4	包容心态	在课堂上，教师要创造一种文化氛围，那就是鼓励而非歧视回答错误的学生。	"你坐下。他说得对吗？谁来补充一下？"这样的说法会让学生面临压力，变得越来越不愿发言了。

续 表

序号	技能建议		举例
	技能	释义	
一	创建安全的课堂		
5	对学生既要尊重又要限制	教师要尊重学生，而不是"爱"学生。不了解、不尊重的爱，学生是不会接受的。学生抗拒的不是限制本身，而是限制的方式和内容。教师要学会先问"为什么"，再问"怎么办"。	如，教师的要求不合理、朝令夕改、管理态度不好等，这些都会让学生产生抗拒的心理。
6	环境要安全	教室里有关"鞭策"的内容太多，这会让学生不安。让学生压力最大的前三名是：分数排名、各种评比、格言。	不要设置"高考倒计时牌"之类的东西；教室应多展示学生的作品；教室布置多征求学生的意见。
二	创建有序的课堂		
1	制订课堂规则	卡罗尔·西蒙·温斯坦提出了设立课堂规则的四个原则：规则应该是合理的、必要的。（什么样的规则适合这个年级的水平？设立这个规则有什么适当的理由吗？）规则应该清晰明了。（规则对学生来说是否太抽象，不易理解？我希望学生们在什么程度上参与决	教师可以询问学生，他们认为什么样的规则是公平的，而不要问他们什么样的规则是不公平的。如：教师可先问学生怎样才能使课堂比较有安全感，然后让大家一起

序号	技能建议		举例
	技能	释义	
二	创建有序的课堂		
		议的制订。）规则应该与教学目的以及我们所了解的人们的学习方法一致。（规则将促进还是妨碍学生的学习？）课堂规则要和学校的规章制度一致。（学校的规章制度有哪些？在走廊、集会或者餐厅等场合，是否对行为有特殊要求？）	脑力风暴，整理出一系列的规则，这样他们就很难再抱怨了。当然，当你发现学生态度不严肃，制订的都是诸如"永远也不要布置家庭作业"之类的规则，那就要恢复你的主宰权，宣布由你做主了。
2	规则的执行	公平。规则最好由学生自觉执行。培养自觉性的重要方法是让学生对自己的行为负责。教师要让规则为学生服务，而不是把学生变为执行规则的棋子。	内向、抑郁的学生有一天上课和别的学生聊天，对这个学生来说，这就是一件好事，教师不能拿违反规则来说事。
3	违反规则的惩罚	规则上明确了的惩罚，应该得到执行。关键在于规则要具体，操作性要强。	可以将惩罚变得具有游戏色彩。

序号	技能建议		举例
	技能	释义	
二	创建有序的课堂		
4	让大家安静下来	重点在于教师的管理能力。	教师不说话，在黑板上写出学生要做什么；保持沉默，一直注视着学生；请求学生安静；故意压低声音；做手势；说点儿学生感兴趣的题外话；宣布安静倒计时；使用评比建议；使用道具或标语；离开讲台……
5	语言技巧	教师要让自己的课堂管理语言具有教育性。	尽量简短，速战速决；注意不说"导火索"式的语言，第一句话要慎重；拿规则说事，不评价人；既表明态度，又不激化矛盾；用"我们"代替"你们"；尽量不用"你应

续 表

序号	技能建议		举例
	技能	释义	
二	创建有序的课堂		
			该"；叙述事实，稍做评价；重复对方的话；发出双重信息；心情不好时，要告诉学生；使用幽默语言……
三	创建有效的课堂		
1	减少课堂时间的浪费	教师应明白，在课堂上，自己的主要任务是教学，而非管理	不好的例子：暂停讲课，维持纪律；任务布置不清楚；活动衔接不好；不必要的说教；个人情绪发泄；语言啰唆；板书过多；教学内容肤浅；低质量提问……
2	启发思维	有效教学的灵魂是启发学生的高质量思维。思维含量就是课堂的含金量。	提高质量的问题；增加作业的含金量……

动手做

为自己设计一个"安全课堂建设"方案。

第三单元　促进学生的自主学习

促进学生的自主学习是将来课堂管理的主要内容，自主学习的主要形式为合作学习。因此，促进学生的自我评价成为教师必须掌握的技能。

大部分孩子喜欢和自己的同伴一起学习，这会给他们带来乐趣。目前，学生的自我评价主要集中在小组合作中，而且，这种评价大多简单而无效，大部分内容为简单认可或者表明态度。也就是说，在学习过程中，学生们本来需要同学之间的互相支持和不断反馈，促进他们更积极地去学习，但这种效果没有发挥出来。这是因为，无论教师还是学生，他们都把关注的重点放在学习的结果上，而忽视了学习过程的重要性。

学生是需要这样的评价的，而且也能够完成这样的评价。之所以有这样的结论，主要有三个理由：一是同龄人的评价更真实，学生之间更容易达成一致。许多的调查研究都发现，如果我们给予学生足够多的时间和空间，学生之间提供的学习支持不会比教师所给予的支持少。在课堂上，学生不会一直问教师问题，当教师讲过第二次后，学生碍于面子不会再问教师，一些胆子小的学生更不会向教师请教。但在同龄人中，他们不会有这样的压力。二是由于学生之间的讨论没有压力感，因此，他们能够畅所欲言，甚至可以帮助那些不愿意参与的学生更好地参与，这有利于学生自我激励，形成较为积极的心态。三是学生的自我评价能够帮助学生形成很多的技能，这些技能是教师不能替代的。比如，在团队中，他们会学习如何合作，如何沟通，如何处理分歧；在学习中，他们会学习如何搜集资料，如何分析资料，如何记录整体，如何得出结论；在回答教师问题时，他们会学习如何总结，如何归纳，如何应对教师……

一、学生自我评价环境构建

学生的参与和学生的自我评价是紧密相连的。教师可以理直气壮地告诉学生，如果学生这么做了，他的分数自然会高。

遗憾的是，相当一部分教师对学生的评价和自我评价持怀疑态度。他们不相信学生能够开展这样的活动，他们甚至不相信学生会认真对待这种评价并在检查自己或他人作业的时候抱有诚实的态度。

虽然教师怀疑学生，但在课堂上，教师却对学生很强的依赖情绪感到担忧。因为，学生只想知道正确答案。于是，许多教师认识到，正是自己的课堂行为才使学生的这种情绪变得日益严重。

事实上，课堂上的合作学习是一直存在的。这要求教师和学生一起学习，因此，现代课堂也要求教师和学生建立更好的师生关系。这种师生关系的核心意义在于：教师和学生之间围绕学习开展更平等的或更具包容性的对话；形成反思型学习群体，给学生发言的机会并倾听他们的想法。

教师都会知道，即使同学之间非常熟悉，有效互动也不会自动出现。学生需要教师为他们提供支持，帮助他们建立一个适合自我评价的环境。这是真正实现学生自我评价的前提。

工具箱

学生自我评价技能工具

序号	技能建议		举例
	技能	释义	
1	确定小组组成方式	小组成员的确定主要由教师根据学生情况来进行调配，要让学生学会与不同的人合作，而不是只和自己喜欢的人合作。在学习小组建立初期，教师还要帮助他们互相了解。	
2	明确合作学习的任务	教师帮助学生明确合作学习的具体任务，让学生知道，在这个合作小组里，自己将要做哪些事，这是非常重要的。	课堂上与同伴一起讨论； 互相帮助完成课堂某一任务； 互相提问； 为对方讲授学习内容； 互相帮助完成作业； 互相分析考试试卷和经验； 互相批改作业……

序号	技能建议		举例
	技能	释义	
3	制订基本的小组合作学习规则	由学生一起制订，教师提供支持。	小组成员如何分工； 如何倾听； 如何尊重别人； 讨论流程； 如何搜集资料； 如何分析资料； 如何总结； ……
4	逐步培养学生的合作能力	教师可以提供建议和帮助，让学生们自己制订一个小组合作学习规则，主要目的是让他们愿意且能够互相支持、互相学习。	定时间；定任务；定角色……
5	主动指导学生学习	开始阶段，教师要主动参与到学生的合作学习中，主要是帮助他们固化程序，掌握方法，解决困难。	教师可以做一些示范给学生们看。

续　表

序号	技能建议		举例
	技能	释义	
6	从简单任务开始	教师可以从某一个话题、一个小的任务、某个有针对性的教学内容开始，逐步引导学生向着高级的任务发展……	一起设计一个春游方案； 为……绘制一张思维导图； 讨论优点与不足； 列出某一个任务的清单； 解释图片； 比较两个概念或事物……
7	保证每个任务的指标都是详细而封闭的	每个任务的指标是明晰的、可测的，而且不会出现断层。	
8	小组成员调整原则	学习小组建立后，经过一段时间的"运营"，教师要进行评估，看看这个学习小组的合作效果是否良好，如果没有达到预期效果，教师应进行调整。	

动手做

设计一个教师主动指导学生学习的方案。

二、自我评价策略的运用

教师需要告诉学生，只有在什么情况下，他们的学习才会变得更有成效。这个情况是指具体策略或者标准，而不是"要认真学习"之类的宽泛的话。

工具箱

自我评价策略工具

序号	技能建议		举例
	技能	释义	
1	讨论关键问题	小组合作学习讨论的内容本身应具有一定深度，或者说应是这节课的关键所在。	对于高考题，学生应讨论考查的是哪个知识点，而不是这个题应该怎么做。此外，学生还要讨论这个知识点还可以用哪些方法来出题。
2	不仅讨论学习目标，还要讨论实现这个目标的策略	这个任务的质量标准是什么？如何才能达到高质量？	
3	组织学生分析课程标准	这更有利于帮助学生理解知识的构成体系。	
4	给对方评价	教师组织学生分析小组内最好的作业，总结出标准。	

续　表

序号	技能建议		举例
	技能	释义	
5	实行换位思考	在安排学习任务时，教师要帮助学生理解任务的要点，了解"质量标准"。	如果是我，我会怎么想？怎么做？
6	让学生自己制订标准	教师帮助学生制订一套用于小组合作学习的评价标准。	
7	鼓励学生采用开放式的讨论方法	让学生自己讨论解决某个问题的策略，使学生明白：你可以自己找到解决问题的方法。	学习活动开始前，学生可以思考：我要如何做？ 在学习过程中，学生可以思考：用什么方法？这个方法对吗？有没有其他方法？
8	定期总结	每个阶段性任务完成后，教师应指导学生进行总结，这有利于学生巩固所学的知识。	总结的目的是什么？如何总结？应该准备哪些问题？

续 表

序号	技能建议		举例
	技能	释义	
9	多种自我评价	让学生在总结时使用，也可以让学生写在自己的日记里。	我认为最重要的是…… 我觉得难点在于…… 我觉得最有趣的是…… 我希望进一步了解…… 仍在困扰我的是…… 我学到了…… 如果……我会学得更好……
10	不断回忆学习目标	无论是学习还是总结，都要提醒学生学习结果（目标）及评价是否完成。学生要围绕学习目标来学习和总结。	你认为哪一部分是最困难的？ 你学习……的时候，需要什么帮助？ 关于……你学到了什么？

动手做

你将如何鼓励学生采用开放式的讨论方法?

第四单元　教师课堂管理基本技能训练

本单元里，我们将讨论教师常用的一些基本技能训练问题。根据教师教学实际，我们将从课堂管理技能、教学实践技能、教师专业发展技能三个方面来进行训练。

一、课堂管理技能

课堂管理是指教师为了有效利用时间、创设良好的学习环境、减少不良行为而采取的各种活动和措施。对于中小学生，特别是小学生来说，教师是一个领导者、组织者、管理者。某种意义上说，教师的管理能力比教学能力和知识水平更重要。如果教师的课堂管理能力差，十分知识也许只能教给学生三分。许多高学历青年教师工作效果不佳，原因之一就是不善于管理。

教师能管住学生是一种本领，但不等于有水平。看一个教师是不是好老师不能光看他是否管住了学生，还要看他管中教育因素有多少。教师应该记住：要教育学生服从真理，而不是怕某个人，否则就不是正确的管理方法。

在课堂教学中，教师"管"的任务，主要是协调、控制课堂中的各种教学因素及关系，使之形成一个有序的整体，以保证教学活动的顺利进行。这一活动我们通常称为课堂管理。

课堂管理的任务比较复杂。一般认为，课堂管理包括课堂人际关系管理、课堂环境管理、课堂纪律管理等方面。

课堂人际关系管理指的是对课堂中的师生关系、同伴关系的管理，包括建立良好的师生关系，确立群体规范，营造和谐的同伴关系等；课堂环境管理是指对课堂中的教学环境的管理，包括物理环境的安排、社会心理环境的营造等；课堂纪律管理指的是课堂行为规范、准则的制订与实施，应对学生的问题行为等活动。

下面，我们对一些常见的教师课堂管理能力进行介绍。

1. 如何吸引学生的注意力

一名教师所要具备的最重要的技能是什么？答案应该是：掌握在课堂上抓住学生注意力的方法。能吸引学生的注意力，是教师的基本功之一。

一位教育家说过，注意是我们心灵的唯一窗户，意识中的一切，必然都要经过它才能进来。为什么要吸引学生的注意力？只有两个原因，一是保持课堂活力，二是让课程内容被学生接受。

因此，教师在课堂教学活动中，需要通过一定的教学活动把学生的注意力吸引到自己的教学中来，并使之进入学习状态。学生被吸引的程度不同，学习的专注程度就不同，学习的效果也就不同。

如果我们做一个调查，作为教师，你在课堂上是如何吸引学生的注意力的？或者这样问你，当你在课堂上发现学生的注意力不集中的时候，你一般会采取什么方法把他们的注意力拉回课堂上？

随思录

　　"注意听讲!" "别说话了!" 回想一下，这是不是你在课堂上经常说的?

　　什么样的方法才能吸引学生的注意力呢? 教师可以根据自身的特点，参考以下的经验，进行一些尝试。这样，你就不需要在课堂上为处理学生问题而额外费神费力了。

工具箱

吸引学生注意力的策略

序号	策略	举例
1	每个教师至少需要熟练地掌握一种方法来吸引学生的注意力。	动作设计1：右手举至头顶，面带微笑，告诉同学们，当自己出现这个手势时，需要大家集中注意力； 动作设计2：说话声音变低； 动作设计3：轻轻敲三下桌子； 动作设计4：停下讲课，不出声； ……
2	这个方法要让学生彻底掌握并不断演练。	教师可以说，以后我可能会经常需要大家集中注意力。每次我需要大家集中注意力的时候，我会做两件事，下面我来演示一遍给大家看。 可让学生练习一次。
3	教师在实践自己的方法时能保持微笑，要让自己感到轻松和愉快。	教师一边微笑一边把手举高，然后问学生："你们看我做了哪两件事？"学生会先注意到教师的微笑，再是手势。 等学生确认后，教师："你们看到老师做出这两个动作，这说明我希望大家停止说话并把手举高，这样我就可以知道大家的注意力回到我这里了。"

动手做

你准备如何吸引学生的注意力？

2. 如何让学生遵守课堂纪律

教师的经验是在教学中积累起来的。当然，这主要看教师是否是一个"有心人"。认真做事只能把事情做对，用心做事才能把事做好。我们有时候说职业追求，其实更简单的理解就是做一个"有心人"。这个"有心"，就是站在别人的角度思考，如果是我，我会怎样。

在我们的校园里，你是否留意到最好的教师很少遇到有关课堂纪律的问题？你有没有发现那些最好的教师往往是学校里最快乐、最具教师风范的教师？你知道那些最好的教师反复强调哪些课堂规则吗？

许多教师课堂管理过于严格，不允许学生有丝毫错误。还有一个现象是，在小学低年级阶段，许多老师喜欢"培养"孩子的习惯。于是，我们会看到，教师会要求孩子坐端正，双手背在身后或整齐地放在桌子上。有研究指出，7—10岁儿童的注意力集中时间为10分钟左右。请问，让孩子一直端正地坐着，孩子能做到吗？成年人也未必能做到吧。

这里还是要再强调两个概念：课堂规则和课堂常规。课堂规则是用来管理严重过错的手段，是教师的"底线"。课堂常规则是用来帮助学生掌握知识和技能、养成良好习惯的"操作技能"。比如：学生上课偶尔随便讲话，这就不是很严重的过错，我们可以把它作为课堂常规来处理。

随思录

"发言前必先举手示意"这是课堂规则还是课堂常规？

备忘录

课堂规则与课堂常规的区别

序号	区别点	课堂规则	课堂常规
1	目的不同	课堂规则是用来管理严重过错的。	课堂常规则是用来说明如何在课堂中正确执行各项活动的，特定的课堂活动每次都要按相同的既定步骤执行。
2	处罚不同	若学生没有遵守课堂规则，那么他应受到相应的处罚。	若学生没按正确的课堂常规行事，教师应指导他掌握课堂常规。
3	内容不同	课堂规则不应超过5条。如，不可以打骂同学。	课堂常规包括如何按秩序用餐、如何举手示意发言、如何加入或退出讨论小组、如何交作业等，教师应制订详细的条款。

工具箱

让学生遵守课堂纪律的策略

序号	策略	举例
1	教师只要一条或两条规则即可高效管理课堂，关键在于不断强调和重申规则。	不准在课堂上打架。
2	课堂常规是逐步实施的，不用一步到位，首先要从最重要的方面开始。其次，学生在掌握之前的技能基础上，再增加少量新内容。	如，先让学生掌握教师吸引学生注意力的课堂常规。
3	若学生忘记了某个具体的课堂常规，教师应重申正确的步骤，如学生需要指导，教师应示范。	发言时，学生如何举手示意？总结应分几步？包括哪几个内容？什么时候拿书？什么时候翻书？该准备什么？什么时候记录？什么时候讨论……
4	如学生违反了某条课堂规则，则没有讨论的余地，教师必须按事先约定的对该生进行处罚。	学生上课打架，学校必须给予纪律处分。

续　表

序号	策略	举例
5	如学生在一些小的常规问题上经常犯错，教师可以按规则处理。	如，教师已制订按顺序发言的课堂常规，某学生却总是随意讲话，教师多次提醒仍无效。教师可明确告诉他，如再出现随便讲话的情况，将按违反规则来处理他。

动手做

1. 请你制订出不多于 5 条的课堂规则，并将其告诉学生。

2. 请你制订学生上课发言的具体课堂常规，并在课堂上实践。

教师需要明白的是：只有当学生明白在课堂上哪些事可做，哪些事不可做，并知道教师会始终按照既定的规则和常规行事的时候，他们才会遵守这些规则和常规。因此，教师应保持自己制订的规则的连续性。时间长了，教师就会形成自己的教学风格了，也可以说是教学魅力。

3. 如何处理学生的不当行为

现在的学生思维活跃，敢于冒险。如果你的学生在课堂上故意做出某些出格的行为时，你不必感到奇怪。而且你要清楚的是，他们之所以这么做，是因为他们已经非常清楚教师会做出什么反应。学生知道他这样做的目的和效果，因为他有很多的观众，所以他会更加卖力地表现以哗众取宠。这是处于青春期孩子的正常反应。

总的来说，对于学生的不当行为，教师不宜公开处理，更不宜在发生的时候立即处理。教师可以采取私下和学生一对一谈话的方式，这样，可以消除这个学生在其他学生面前的表演欲。私下单独谈话方法很简单，但是，只要教师谈话方式合适，效果还是非常显著的。当然，教师需要考虑：教师是否已经制订并有效地执行了自己的课堂规则和课堂常规？如果已经制订并有效地执行了这些规则，教师的重点就要放在应对那些不把规则放在眼里的屡教不改的学生了。

动手做

为什么对于学生的不当行为，教师不宜公开处理，更不宜在发生的时候马上处理？

工具箱

应对不把规则放在眼里的学生的策略

序号	策略	举例
1	私下预约学生，用平和而非生气的语气表示关切，让学生明白，他只是"忘记"了某一项规则，教师准备为他提供相关帮助。	教师：最近你是不是有什么事？我发现你在课堂上总是忘记我们之前关于课堂常规的约定。比如……这不要紧，即使是大人也会偶尔忘记一些事情。 教师：老师非常理解在朋友面前忘记事情让你感到没有面子，所以老师要帮你一把。老师准备利用今天午休的时间，来帮你如何…… 教师：老师很高兴能帮助到你，午休见。
2	谈话中，教师不对学生做评价，假装学生是"真的忘了"规则，教师热情地"帮助"他熟悉规则。	教师：不错啊，我非常高兴你能来。 学生：…… 教师：现在，假设是在课堂上，你想发言，按照我们的课堂常规，你该怎么做呢？ 学生：…… 教师：很好，还需要多一点时间来练习吗？ 学生：…… 教师：你是否充分理解这一条常规了？ 学生：…… 教师：非常好，明天见。

第四单元 教师课堂管理基本技能训练

序号	策略	举例
		教师：要是你明天还没记住的话，那是老师没教好，没给你时间充分练习，我可以继续帮你练习……
3	特殊情况的处理。	如果教师已经和学生约好了，但学生没有来。教师不能生气，也不用批评，处理的方法很简单，只是找到他本人，并微笑告诉他：你一定是忘了我们的约定，咱们走吧。

动手做

至少和一名学生进行一次私下里的单独交谈，并将谈话的过程和结果记录下来。

4. 如何纠正学生的错误

我们经常听到"犯了错"的学生说这样的话：

"我凭什么非要听你的？"这句话的真实含义是，我已经知道自己错了，但是我要面子，不承认自己错了。

"我不在乎。"这句话的真实含义是，我害怕犯错误，我这样做只是为了让自己在同学们眼中变得更完美而已。

如果教师能够知道青春期学生的特点，并理解青春期孩子的行为，教师就应学会鼓励学生"犯错"。

动手做

试分析"我凭什么非要听你的？"这句话背后的心理学基础。

工具箱

纠正学生错误的策略

序号	策略	评价
1	让学生知道在课堂上可以犯错。	我和学生讨论过在我的课堂上犯错不要紧么？
2	让学生知道我为什么允许大家在课堂上犯错。	我和他们讨论过错误的重要性吗？
3	让学生知道，有些错误是值得鼓励的。	学生知道他们在课堂上犯哪些错不会被批评吗？我在课堂上鼓励学生犯哪些错？
4	和学生讨论从犯错中能获得什么。	我会提醒学生，他们应从这些错误中不断学习和成长。
5	制作错误清单。	典型错误清单的内容包括：回答不正确；拼写错误；在解决问题过程中，缺少一两个步骤；不认真学习；做了一件不好的事……
6	帮助学生正确面对错误。	清单完成后，教师可以让学生分别从处理错误的适当方式和不适当方式两方面来进行角色扮演，然后讨论这两种方式带来的结果。这可以帮助学生正确面对错误，从而消除学生对错误的畏惧心理，更能帮助他们从错误中吸取经验教训。

动手做

回忆一下，在你的课堂上，你是如何鼓励学生正确对待错误的？

如果教师很期待学生能在你的课堂上犯一些"高级错误"，并告诉学生这些错误能给他们的成长带来很好的机遇，鼓励他们敢于再次尝试，这就会使学生面对错误变得更加坦然，并将错误视为自己成长路上的垫脚石。因此，鼓励犯错会成为教师纠正学生错误的"法宝"，就像我们平常说的"以毒攻毒"一样。

5. 如何控制自己的情绪

情绪是一个心理学术语，是对一系列主观认知经验的统称，是多种感觉、思想和行为综合产生的心理和生理状态。坏脾气产生的愤怒与焦虑容易使人悲观，但适度的防御性悲观可以提高忧患意识、激发动力，为可能发生的消极情况做好准备，进而引导人走向成功。虽是如此，但教师还是拥有积极健康的情绪为佳。

研究表明，情绪对学习的效果有重要影响。当所学习的材料的情绪与学习者的情绪一致时，学习者的记忆效果就会好，即愉快的人更容易记住令人愉快的材料，而悲伤的人更易记住令人悲伤的材料。人在愉快状态下更容易记住所学习的东西，愉快的、平和的情绪使人的大脑处于最佳活动状态，人在愉快的状态下学习，精力会更集中，思维会更敏捷，记忆效果会大大提高。

教师被情绪左右后，最容易犯的错误是：因生气而在讲话时提高嗓门；讲话时咬牙切齿；脸憋得通红；双手环抱胸前；跺脚等。

情绪对教师的工作和生活具有两面性，既能提高工作的积极性，增强学习效果，也能降低学习的积极性，削弱学习的效果。高兴、快乐、喜悦、热情等积极情绪对学习有促进作用；焦虑、痛苦、忧伤、愤怒、冷漠等消极情绪对学习起阻碍作用。

随思录

你曾因为学生而生气吗？你是否因为中了学生的招而不爽？

你是否曾让学生看出你很愤怒？当学生发现他已触到你的底线，他会做什么？

备忘录

健康情绪的特征

序号	特征	举例
1	以正面情绪为主。	如愉快、满意、振奋、喜悦等。
2	情绪体验丰富，保持对事物感知的敏感度和开放的态度。	没有什么。 再来一次吧。
3	情绪稳定，能基本控制住自己的冲动。	不将愤怒表现在脸上。
4	以合适的方式表达情绪，悦纳自己和别人。	你别着急，我们一起来想办法。 我知道你的意思，让我想想…… 我理解你的感受……
5	及时宣泄、转移和摆脱不良情绪。	呼吸； 跑步； 找个空旷的地方大声喊……

许多教师喜欢生气，一生气就喜欢大声吼。但是，你是否想过，学生会怕你的大嗓门吗？事实上，提高嗓门的谈话是不专业的表现，提高嗓门不会改变现状，可能会变得更糟。这等于是在向对方宣布你连自己的情绪都控制不了。一个人如果连自己的情绪都控制不了的话，就更不可能控制其他人，而教师又必须随时掌控学生。

教师常出现的重大错误就是让学生知道他们能影响教师的情绪。每当教师表现出不满时，学生会认为他们能控制教师的情绪。因此，教师可让学生看出你因他们的行为而失望，但不要让他们看出他们能影响你的情绪。教师对学生的行为负责是正确的，但不能任由自己的情绪和行为不受控制。

工具箱

控制自己情绪的策略

序号	策略	举例
1	先处理情绪，再处理事情。	案例1：一位家长怒气冲冲喊："你处处跟我们家孩子作对，为什么？"教师："我可没故意和他作对，他确实做错了。" 案例2：一位家长怒气冲冲喊："你处处跟我们家孩子作对，为什么？"教师："您别着急，您这么远来，说明您想知道XX做了什么，您先坐下来，听我向您解释。" 评价：哪位教师的处理方法更好？

续 表

序号	策略	举例
2	不说导火索式语言。	教师：你们这个班到底怎么回事？上节课张三说话，这节课李四说话，还想让我上课吗？ 评价：如果学生回答：我们不想让你上课了。你怎么办？你是上课还是不上课？
3	少管理，多建议。	案例1：某位学生不做课堂练习，教师警告。学生："我就不做，你少管！"教师："我就得好好管管你！"…… 案例2：某位学生不做课堂练习，教师走到他旁边轻声说："你遇到什么问题了？需要我帮助吗？你有什么问题可以及时和我说啊。" 评价：哪个更有效果？
4	让学生监督教师。	教师可以向学生宣布制订的"严禁大声喊叫"的规则，让学生监督，谁也不能违反，包括教师自己。这样的好处是：学生会监督老师，老师不发脾气。而且，学生会意识到自己在师生关系中处于平等的地位，也不用担心老师变成可怕的样子。

动手做

轻轻吐纳 6 次，你的情绪是否平静下来了？

6. 如何合理忽视小问题

教师的主要工作是上课，因此，应该合理忽视小问题，这叫"大局意识"。"大局意识"还有一个含义，就是教师面对的是一个班，而不是一个人。如果学生个人的行为没有影响到全班，教师可以先不管或者不管，若影响到全班则必须立即管。许多年轻教师在课堂上"栽跟斗"，就跟缺乏"大局意识"有关。

工具箱

合理忽视小问题策略

序号	策略	举例
1	忽视非原则问题。	案例1：某学生不喜欢你刚刚布置的课堂练习，其他同学已开始做，他却不动，表现出生气的样子，试图引起你的注意。 案例2：某生在考试中作弊，被你发现。 评价：你认为哪个场景可忽视？
2	不搞无意义争论。	学生：我不要干这个。 教师：不行。 学生：不干。 教师：听话！

续　表

序号	策略	举例
3	可以忽视的课堂行为。	晃着脑袋听课； 用笔敲桌子； 跷二郎腿听课； 坐姿不端正； 两个学生窃窃私语； 把脑袋埋桌子下面； 不影响别人的小动作； 传纸条； 发出声音，希望获得关注； 自言自语； ……
4	不可以忽视的课堂行为。	经常迟到； 某生行为伤害到了其他学生； 某生行为威胁到了其他学生； 经常睡觉； 干扰课堂秩序，影响到了其他学生； ……

教师如果能合理忽视学生的不当行为，就可以给自己缓冲时间，让自己冷静下来，避免火上浇油，还可以避免打断课堂教学。

动手做

给自己列出一份可以合理忽视的行为清单并和其他教师分享。

二、教学实践技能

1. 如何用好课堂的每一分钟

所谓有效课堂，就是最大限度地减少了与课堂教学无关（无效）事项的课堂。我们发现高效教师的课堂都有一个共同特点，那就是无论你什么时候走进他的课堂，你都会看到学生在忙着学习，每个学生手里一定有事做，学生不会坐在课桌前发呆。在这些教师的课堂上，你会发现他们能保持课堂不被琐事中断，并能保证学生注意力集中，没有一分钟被浪费，没有学生无事可做。正因如此，他们很少遇到课堂纪律问题。而有些教师却没有这么幸运了，在他们的课堂上，你会发现许多时间被用来管理学生的纪律了，你经常会听到：坐好！那边的同学别说话！你们几个怎么回事？再不听就给我站后面去……

教师必须明白，如果学生在课堂上无事可做，他们就会自己找事，扰乱课堂秩序。

动手做

列表指出学生的课堂违纪行为及教师相应的解决措施。

随思录

　　　　在给学生布置任务时，你是否要求所有人在同样的时间里完成？你是否注意到，给学生布置任务时要求的时间越长，有些学生磨蹭的时间就越长？你是否注意到，有些学生开始和完成的速度都很快？你是否注意到，有些学生无论怎样也无法在规定的时间完成任务？你是否注意到，学生在做练习时，往往也是最容易出现课堂纪律问题的时候？你是否注意到，临近下课时，学生会有哪些反应？你是否有提前讲完的情况，这时给学生布置任务学生有哪些反应？

工具箱

高效课堂的策略

序号	策略	举例
1	做好时间规划和内容规划	高效教师会仔细规划课堂上的每一分钟，以保证没有时间被浪费； 仔细规划讲课过程，力求简明扼要； 教师要为课堂准备出足够的、有意义的内容，每次上课前所准备的内容应比计划教授的内容多一些，以保证每堂课的内容是充分的。
2	忌讳布置学生不感兴趣的、简单的任务	低效教师在课堂上喜欢简单地给学生布置一项任务，他们并不在乎学生是否需要或感兴趣，然后要求学生在一定时间内完成； 事实上，不可能所有学生同时完成某一项任务，这就给教师带来课堂纪律问题，教师要不断提醒学生集中注意力……
3	尽量不做与教学无关的事	教师一上课就应开始教学活动直到这节课结束。
4	事先准备好简短、有趣的教学任务	如要耗时30分钟来写一篇作文，教师可以把这个任务分解成几个更小的部分，并带领学生一步一步完成每个部分。这种简短、有趣的任务要比一次需要耗费很长时间的任务更能吸引学生的注意力。

续　表

序号	策略	举例
5	考虑学生之间的差异	每次在课堂上布置任务的时候，教师要事先想好如何应对那些很快就能完成任务的学生；同时，教师要注意提醒那些动作缓慢的学生。
6	备课时要准备好课堂材料	在讲课时，教师能顺利地从一个主题过渡到下一个主题，不会冷场。

动手做

设计一份课堂时间细分方案。

2. 如何做到上课有激情

前面谈过，情绪是每个人都具有的，无论是孩子还是成人。但是，作为一名教师，情绪调适是非常重要的。某种意义上说，教师更像是一名演员，因为没人能够始终保持热情不减。教师只要一踏进校园大门，一进入课堂，首先要做的一件事就是将自己的情绪调整到与自己职业相匹配的程度，每位教师都应该表现出对教学的热情。这就像演员们的演出一样，每一次都十分重要，必须全力以赴。这是因为，教师在课堂上表现出来的热情会传递到学生的身上，成为他们本身的热情。

工具箱

课堂激情拥有策略

序号	策略	举例
1	告诉学生自己的感受	每次开始上课时，教师都要告诉学生自己非常高兴能够向他们讲授今天的内容。
2	向学生描绘自己的职业蓝图	教师要经常和学生聊自己多么热爱教学。
3	表现出自己对知识的兴趣	每次上课时，教师都要表现出教授今天的内容是自己非常热爱的部分。
4	使用激发性语言	瞧瞧今天我们要做些什么。 我都等不及要开始今天的课程啦！ 这部分内容有意思极了！
5	多准备一些素材	背几首与本节内容有关的诗词；准备几则与本节内容有关的幽默故事……

序号	策略	举例
6	组织学生能够参与的有挑战性的活动	挑战不可能； 击鼓传花； 掷骰子……
7	让肢体和语言变得更丰富一些	语言不可平淡，要有起伏； 眼睛多看学生； 面部表情尽量丰富一些，可以是教学表情，也可以是管理表情……
8	与学生积极互动	互动中，教师与学生的关系融洽，并能展示自己的专业修养。

动手做

根据自己的特点，写出 5 条以上准备在课堂使用的激情策略。

3. 如何掌控你的课堂

掌控课堂这个说法可能不太符合现在教育领域的主流观点，但事实上，对教师来说，这确实是非常重要的。因此，说"主导"似乎更合适一些。

教师要想主导自己的课堂，帮助学生完成学习目标，首先，要考虑在上课过程中自己的位置在哪里。其实，人们总喜欢待在自己舒适的区域，因为按照自己的习惯行事会觉得自在。无论成年人还是学生，他们都有这样的感受。为什么无论是开会还是上课，大家都喜欢坐后排？因为他们觉得离领导或教师越远，越可以肆无忌惮。教师是否观察到这样一个现象：在教室里，距离教师较远的地方，往往是容易出现课堂纪律问题的地方。

有的教师喜欢一直站在讲台上讲课，只要他们开始四处走动，学生就会变得紧张起来。这是因为，教师平常不怎么走动，当学生发现教师突然走下讲台，向自己走来时，学生会认为是自己犯了什么错误了。

教师在教室里的走动应有特定的目的。教学技能中，有个技能叫作"步法设计"，专门训练教师上课时如何在教室里走动，包括走动的时间、路线、目的等。因此，教师在教室的走动应是十分频繁并经过深思熟虑的，如果形成了课堂常规，学生就不能确定教师接下来会走到什么位置。学生也会习惯了教师在教室里不停地走动。

> 教师的主要职责是"点燃"学生，而不是代替他"燃烧"；是给学生插上飞翔的翅膀，而不是代替他飞翔。

随思录

你平时上课一般都站在哪儿?

其次，教师要避免造成学生的紧张。一些教师在提问或者提醒学生时，往往会使用不恰当手势或不恰当语言，给学生造成心理压力。如，一个学生上课"走神"，老师开口就是"XX，集中注意力!"，用手指指向学生，并且还强调一句"XX，你来回答!"。这个手势和语言有管理、控制、约束的意思，甚至还有威胁的意思，表达的是教师的期待和不满，潜台词是"你会不会?""到底听没听懂?""其他同学都懂了，你怎么还不懂?"这样带有威胁的语言和肢体动作，学生会感到不安。

其实，我们对于上课"走神"的学生，只需要边讲课，边走到他的身边，轻轻地敲一下桌子就可以了。提问时，改手指指向学生为手掌邀请学生即可。

工具箱

课堂主导策略

序号	策略	举例
1	注重引导启发，培养创新灵感	先找原因，再找对策； 启发要自然； 保证每个学生都能参与，而不是某个同学表演； 注重体验，不要直接得出结论； 强调真收获，减少或杜绝假收获。
2	求新求异，提高创新能力	没有经验的教师应多用逆向思维，从结果来思考为什么。
3	手脑配合，体验创新乐趣	挑战性的活动是不可或缺的，教师可以在活动中展示自己的魅力。
4	教师要在上课铃声未落之前进入教室	要事先给学生规定好什么是迟到，是上课铃响进教室还是上课铃结束进教室。
5	满怀激情开始讲第一句话	第一句话很有讲究，少用"现在我们开始上课"这类的话，可以说"大家想想，今天我们要做什么？"。

续　表

序号	策略	举例
6	对每个学生的表现都清清楚楚	学生的课堂表现，哪些属于没听懂，哪些是已经听懂了，哪些是故意捣乱……
7	注意教学形式与手段的变化	对于课堂出现的一些状况，比如，学生开始出现疲劳、走神、睡觉等情况，教师应该考虑调整自己的教学形式与手段了。
8	倾听学生的谈话	学生的交谈，往往含有大量的真实信息，教师不能忽视。
9	准备几个故事和笑话	只有智慧的教育才能开启智慧。
10	善用提醒	提醒以不打扰其他正在专心听课、做作业、思考的同学为原则，这也是大局意识的表现。
11	做好步法设计	永远不要让学生知道你下一步将走到哪里，这也是课堂纪律管理的有效策略之一。
12	多读与学科有关的著作	跨学科内容是建立知识运用连接的有效方式之一，同时，也能彰显教师的个人魅力，让学生产生信服感，这就叫"亲其师，信其道"。

序号	策略	举例
13	学生震动面小的动作装作没看见	如学生有小动作但他确实在听讲也没影响其他人。老师一管，反而影响全班。课下提醒一下即可。
14	分清影响课堂秩序与影响教师心情的两种情况	学生上课跷二郎腿的动作可能属于不文明行为的问题，但破坏了教师的心情，课下教诲也不迟。
15	能用提醒的就不批评	学生上课随便说话，教师可委婉地说："如果你有问题，可以站起来问老师。"
16	能用表情和动作解决的问题不用嘴说	教师一说，影响的就是一个班。如班上出现喧哗，做一个手势就可以。如是个别学生有问题，教师可暂时不理，边讲课走到他身边用手指轻轻捅他一下就可以了。
17	能课下解决的问题不在课上解决	处理课堂纪律问题的基本原则之一就是速战速决，绝不可持久战。特别是不要在课堂上教育问题学生，问题学生需要诊断。

续　表

序号	策略	举例
18	注意问句，避免导火索式语言	发现某学生注意力不集中，教师张口就说："你怎么走神了？"如学生顶嘴："我怎么走神了？"这样教师就很被动。教师只需要说一句"请注意听讲"或拍下桌子引起学生注意就可以了。
19	就事论事，不搞株连	如教室某个角落出现吵闹现象，教师说"你们这个组怎么这么乱？"这样问题就扩散了，打击面越宽，越不容易纠正错误。
20	不翻老账	翻老账容易招致学生反感。
21	速战速决不纠缠	先放放，因为教师还要上课。如果学生很过分，比如对老师无礼，学生下课必须当众道歉。处理学生问题，宁可"蛇头虎尾"，不可虎头蛇尾。
22	教师多次提醒，学生不听，教师可以不理	这种学生，或者是忘乎所以了，或者是有意挑衅，无论哪种，都属于"踩雷"。
23	不要轻易把学生赶出教室	把学生赶出教室，外面应有人接应，以防意外。

动手做

为自己做一个"步法设计"方案。

4.如何让每堂课都有意义

学生上课为什么睡觉，主要是因为他觉得这堂课与自己无关，也就是缺乏责任意识。这大部分是由教师的教学行为造成的。事实上，如果学生觉得教师所讲的课程内容意义重大，学生自然会乐于参与，并对课本内容和所学技能表现出极大的兴趣。如果教师在课堂上将知识和学生的日常生活紧密相连，就能提高学生的学习效率，学生更有可能获得成功。

今天，许多教师都认为将书本知识和学生的生活体验结合的教育方式十分重要，但他们的困惑在于为什么在教学实践中就很难做到呢。

心理学认为：人们倾向于继续进行自己熟悉的活动，觉得有安全感，而不愿意进行那些不知结果的活动，即不愿意冒险，所以几十年使用一个教法的大有人在。

许多学生对学习没兴趣，与教师本人对所教学科兴趣不浓有关。教师对自己所教的学科兴趣浓，就讲得活，学生就学得好。一堂好的课对师生来说都是享受。教师干巴巴地说，学生自然理解不深，只能靠在作业上多使劲了。

其实，教育中的爱，也包括教师爱自己所教的学科。教师本人都不爱，却让学生有兴趣，这是行不通的。为什么许多教师对培养学生的创造性思维头疼？他自己都不知道如何创造，也没有体验到创造的乐趣，你让他怎么教别人。

所以，教学方法一般是一个人自己学习方法的翻版。比如：在教学上喜欢用注入型的教师一般在学习上也是死记硬背型的。对一个教师来说，学生怎么学比他怎么教要重要得多！很多教师使用的教学方式正是自己当年作为学生接受到的方式。这直接取决于当年他的老师的水平如何。一些教师虽然知道其他更高效的教学方法，但不愿意舍弃自己已经熟悉的教学方法，追求的是"心理安全"。

动手做

列出你的教学方法和学习方法，尝试进行对比，看看它们是否有关联？

随思录

你所教授的课程对学生来说有意义吗？

你曾经做过哪些努力让自己的教学活动变得更有意义？

工具箱

让每堂课有意义的策略

序号	策略	比较：哪种方式对学生更有意义
1	以运用为出发点组织教学	教师1：让学生在给定的句子里用下划线标记出其中的名词； 教师2：让学生自由造句，但不允许在句子中出现名词。
2	通过观察得出结论	教师1：教师反复给学生讲解牛顿第一定律； 教师2：老师带领学生，通过观察足球赛、电子游戏来总结物体的运动规律。
3	通过研究得出结论	教师1：在讲到一个历史人物时，教师先让学生记笔记，然后测验和这个人物相关的知识； 教师2：教师首先带领学生研究历史人物，并和自己现在的生活进行比较，设想这个历史人物生活在现代会怎样。然后，让学生谈谈这个历史人物在历史上的作为对我们现在的生活产生了哪些影响。
4	通过举例得出结论	教师1：通过掷骰子给学生讲解概率论； 教师2：让学生利用概率论（和天气有关的）来规划哪几个月的哪几周适合班级出游。

动手做

写出 $4-5$ 条你在当前教学中的实际经验，与全体教师一同分享。

5. 如何让课堂充满乐趣

要让课堂充满乐趣不是一件简单的事，远没有讲几个笑话做几个活动那么简单。它涉及如何让学生看到学习的意义并全身心地投入学习中所使用的策略和方法体系。

在课堂教学中，任何内容都可能被讲得十分无聊。但同样，任何内容也可以被讲得十分有趣。照本宣科、题海战术是最无聊的，也是学生最烦的。要想让课堂教学产生最好的效果，教师必须让学生切身体会到学习新知识的乐趣。教师需要研究的是，如何引导学生转变学习方式，帮助学生在做中学、玩中学、合作学习或结合其他特长来学习。

动手做

列出你让自己的课堂充满乐趣的方法，最少写出 5 个。

工具箱

让课堂充满乐趣的策略

序号	策略	举例
1	对比教学法	在上历史课时，教师可以将历史人物拿出来，（选出几个关键点，如，生涯规划、做事方法、处世策略等）和学生熟悉的人物进行对比，并让学生从这些对比中找到可以借鉴和学习的内容。
2	播放视频短片	教师在课堂上播放视频短片，学生能更加直观地了解所学的内容。
3	角色扮演	教师在课堂上带领学生进行角色扮演，这是一种学生比较喜欢的方式。如，教师在讲授帮助残疾人、孕妇过马路时，分别让学生进行角色扮演，通过角色扮演，学生深刻领会到了残疾人和孕妇的不容易，知道了帮助他们的意义。
4	文艺活动	现在的学生活泼好动，知识储备量大，如果教师将课程内容编成学生喜欢的形式，如，小品、相声、舞蹈、情景剧等，学生更容易接受。
5	小组活动	在课堂上进行小组活动的做法比较常见，关键是小组活动的质量问题。教师在设计小组活动时，关键是要定好活动规则，让活动有一定的难度，具有挑战性。

续 表

序号	策略	举例
6	社会实践	让学生带着任务进行社会实践，如，我与西红柿一起成长；与XX的一天……
7	主题考察	教师可以在校园里进行主题考察，如，XX的构造；三角形原理在校园中的应用；校园中的课本知识……
8	趣味活动	寻宝活动可以锻炼学生快速解决问题的能力，寻宝活动可以在校园中实施。教师可以将某节课的内容设计成若干问题，以"宝"的形式藏于校园的某个位置，学生组成寻宝小组，找出问题并解决。
9	游戏参与	教师以游戏的形式教授课程知识，这是学生喜欢的形式之一。特别是涉及概念的理解时，课堂游戏活动效果较好。如，传数。
10	变听为讲	一些概念和原理，如果不是很深奥，教师可以把学生分成组，让学生进行小组合作备课，之后让学生登上讲台进行教授。
11	组织竞赛	教师可以针对课程内容，组织学生进行学科竞赛。但要事先说明竞赛流程和规则。这些流程和规则要能反映教师的教学意图，促进学生达成学习目标。
12	鼓励实践	对于一些实验类的内容，教师可以鼓励学生自己制作视频短片。如，某个体育动作，教师可以制作成短片，在演示时，设置慢动作播放，让学生更清晰地理解动作的组成。之后可以让学生学习自己制作短片。

序号	策略	举例
13	现场演示	现场进行演示实验，许多教师都在使用。不过可以更进一步扩展到其他学科。如，教师在教授语文中的说明文写作时，可以给学生布置一个给小熊洗澡的作业，发给学生一张流程表，让学生进行记录，总结出说明文的写作方法。
14	学生访谈	教师可以就某一个问题，让学生组成小组，然后在学生之间开展访谈活动，学生互相解释某一个概念、原理。
15	客座演讲	教师邀请校外人员来课堂上进行客座演讲，这可以增加学生的新鲜感。
16	借物展示	教师可以利用高科技设备进行演示，其优点是形象生动，解释深刻，学生会喜欢。
17	组织交流	教师就某一个授课内容，组织学生通过互联网和其他国家学生进行交流，这样学生既能掌握知识和技能，又能与他人达成共识，增进了解。

　　以上都是一些较为宽泛的建议。教师可以和自己的同事，也可以和自己的学生一起交流，从他们感兴趣的话题或者期待的事情中，设计出一些更特别、更实用的方案。如，老师故意出错让学生挑错这样的活动，学生会很兴奋，感觉自己很有成就感。

动手做

列出 5 种以上教学方法的清单，并按照上述思路设计一份新的教学策略，运用到实际的课堂教学中。

三、教师专业发展技能

1. 如何开好家长会

家长会，是许多老师头疼的问题，但更是家长头疼的问题。为什么家长不愿意出席学校的家长会？主要原因包括：耗时太久、谈的大多是家长不理解的教学内容、流程很无聊、家长会变成批斗会和任务认领会……

那么，家长会应该如何开才能取得实际效果呢？

工具箱

召开家长会的策略

序号	策略	释义或举例
1	做到知己知彼	事先了解家长的职业、文化程度、性格…… 事先做好功课，如何应对素质比较高的家长、如何应对比较溺爱孩子的家长、如何应对对孩子放任不管把责任推给学校和老师的家长、如何应对认为自己已经管不了孩子的家长、如何应对不理解学校工作安排的家长……
2	尊重是前提	尊重别人是教师的一种修养，一种品格，一种对人不卑不亢、不俯不仰的平等相待和对他人人格、价值的充分肯定。
3	始终控制自己的情绪	一位家长怒气冲冲喊："你处处跟我们家孩子作对，为什么？" 教师："您别着急，您先坐下来，XX上课时做了……" 教师要控制自己的情绪，心平气和地和家长沟通。

续　表

序号	策略	释义或举例
4	规划好沟通的每分钟	保持沟通不被琐事中断，并能保证家长集中注意力，家长不会无事可做。教师应在沟通前仔细规划每一分钟，以保证没有时间被浪费。
5	抓住有利时机	每日一句话，尽量有内容，有重点； 重要的事情要优先、从重考虑； 让暂时没空的家长在空闲时候来找，以便分配更多时间。
6	让沟通充满乐趣	只有让家长看到沟通的意义并全身心地投入沟通的过程中，这样家长和教师才能收到最好的效果。
7	注重谈话策略	教师一定要明白和清楚你所说的内容，如果你不知道自己要说什么，就先不要开口； 该说的话说完后，马上停止； 说话时要注视对方； 讨论对方感兴趣的话题，不要把谈话变成演讲。
8	让对方觉得很受重视	赞许、关心他们的孩子； 在回答他们的话之前，请稍加停顿，表现出专注并认真思考他们讲话的样子； 可以和那些等待见你的家长说："对不起，让你们久等了。"

第四单元　教师课堂管理基本技能训练

序号	策略	释义或举例
9	学会赞同别人	当你赞同别人时，一定要说出来。可以点头并说"是的""对"或注视着对方眼睛说"我同意你的看法""你的观点很好"； 当你不赞同别人时，你可以直接告诉他；当你犯错误时，你要敢于承认； 避免与人争论。
10	引导家长自己得出结论	与家长沟通最有效的方法是侧重于从家长的角度进行研究和引导。引导和鼓励家长认识自己的孩子。对于学生的问题，教师尽量避免做评价，引导家长自己去分析，由家长自己去判断是非。
11	运用有效的沟通语言	您的孩子最近表现很好，如果在以下几个方面改进一下，进步就会更大——从心理上给家长信心； 您不要着急，孩子偶尔犯错误是难免的，我们一起来慢慢引导他——从心理上让家长感觉到平等； 谢谢您的提醒！我查一下，了解清楚情况再给您答复好吧——给家长理智冷静的印象。
12	不说"忌语"	忌讳说孩子不聪明； 忌讳只谈缺点不谈优点； 忌讳对人不对事，翻陈年老账； 忌讳只报忧不报喜……

序号	策略	释义或举例
13	妥善处理特殊情况	当家长不满时：教师应真诚地与家长沟通，以得到家长的信任和理解；如果确实是自己不对，要诚恳地向家长道歉；如果家长的嗓门很大，自己讲话的声音要轻，速度要慢；向家长询问一些可以自由回答的问题；让家长将不满、抱怨甚至愤怒发泄出来，如果家长的言辞带有侮辱性，则暂时找个借口回避，以后再谈；一些教师听到家长的指责和抱怨，往往会本能地为自己辩护，这样只会激化矛盾；教师不能因为家长的过激情绪而影响对他孩子的看法，应更加关爱他的孩子。 当沟通无效时：教师应绕开态度强硬、性格固执的家长，主动和孩子家中较开明的家长进行沟通；在各种建议都无效时，可以说"您想怎么办"或"您有什么要求"等，让家长直接面对问题；给家长推荐一些相关的育儿杂志、书籍，或建议、安排家长参加有关专家的讲座，以丰富家长的育儿知识，提高家长的认识；安排家长参加开放日活动，用事实说话，让家长自己发现问题。在家长产生解决问题的愿望时，教师再与其进行沟通。
14	投诉或事故处理	家长的投诉要及时处理，以免引起更大的事端； 从不同途径详细了解事情发展的经过，全体教师对事情的叙述必须一致； 遇事要冷静，站在对方立场想问题，不要心慌、怯场、害怕，对于误会不要恼怒、急躁； 交流时态度要诚恳，错了就要主动认错，没做错也要耐心、真诚地与家长解释清楚，尽量使用人证、物证，用事实说话； 运用家委会或让其他家长来劝慰等。

动手做

设计一个家长会方案并组织实施，看看家长的反应。

2. 每天如何问候学生

学生比较敏感，学生到了学校，教师应让学生感觉到教师每天见到他们都很开心，这是非常重要的。对于教师来说，这本身也不复杂，只要微笑就可以了。许多研究都表明，如果学生每天到学校和离开学校都很开心，那么他们会表现得更好，学习得更好。

工具箱

问候学生的策略

序号	策略	释义或举例
1	问感觉	嗨，XX，你今天感觉如何？
2	表心情	今天很高兴见到你。
3	说感谢	谢谢你按时来到教室。
4	诉真情	我一直很挂念你。
5	谈感受	我喜欢你的新发型……

问候学生的关键在于，教师在问候他们时，应表现出自己十分希望看见他们，以及和他们分开后十分想念他们的心情。现在的学生非常敏感和聪明，他们能够分辨出教师是否真诚。教师不要弄巧成拙。

教师在问候学生时，可以发出双重信息，看似无意实则有意。如，一边"批评"学生不吃早饭，一边整理他的衣服，掸掸他身上的灰尘等，这会让学生感受到你的温暖。

动手做

　　根据上面的思路，写出 10 条以上你和学生打招呼的语言，并在学校进行实践，看看效果如何。

3. 如何做好学科班会

从近年来有关学生主体性发展研究中可发现，人们对所谓变"要我学"为"我要学"问题的探索，大多是在激发学生的学习动机、兴趣、态度等边缘打转，并没有真正涉及对学生包括学科学习方法等持续学习能力培养和生活意义构建的思考，致使学校德育与智育脱节，大大减少了德育效果，同时阻碍了学生在智育发面的发展，使学生错过了青春期智力发育的最佳"机遇期"。

大多数班级活动课目前仍处于无计划、无主题、无教育、欠科学的"传达课"和"说教课"阶段：内容枯燥无味；形式单一；学生抵触情绪强烈，甚至产生反感，效果大打折扣。由于认识与实践两方面的误区，班会课异化为"训话课""训人课"等机械式、批斗式的班会课；异化为"作业课""自修课""辅导课"等学科补习式、教师独奏式的班会课；异化为学生才艺展示的"大杂烩""群英会"和"表演秀"……班级活动课的作用没有得到有效发挥，虽然以"课"的形式出现，但其主要形式仍然是"教育"，说教、道德灌输意图明显。

为此，整体课堂管理提出了学科班会的概念。

学科班会是整体课堂管理根据元认知理论而提出的一种基于学生智力潜力开发和德育渗透合作的一种新型教育形式，是通过班会（或班级活动）的形式将学科魅力和学习方法进行呈现，引导学生产生学科兴趣并能自主思考、自主分析、自己得出结论的一种学习方法。学科班会是将德育与智育充分结合，从而提高学生的核心素养的一个重要尝试。学科班会借鉴了班会的许多优点，它能够让学生在这个过程中通过自身的体验和感悟，实现无痕迹地达到德育和智育目的。

元认知是近几十年来西方心理学和教育学领域提出的一个新概念。其实质是个人对认知活动和结果的意识，人们进行自我批评、自我控制、自我调节并得到自我体验；元认知由元认知知识、元认知体验和元认知监控三个部分组成。它在教学领域里对开发学生潜力、培养学生思维、指导学生学会学习等方面有广阔的应用前景。

心理学基础

激励理论
- ■马斯洛：需求层次理论
- ■赫茨伯格：双因素理论
- ■洛克和休斯：目标设置理论
- ■弗鲁姆：期望理论
- ■斯金纳：强化理论
- ■亚当斯：公平理论

其他心理学理论
- ■阿德勒：个体心理学理论
- ■荣格：分析心理学理论
- ■奥尔波特：人格特质理论

管理学基础

- ■帕森斯：特质因素理论
- ■霍兰德：人职匹配理论
- ■罗圭斯特与戴维斯：工作适应理论
- ■萨柏：职业生涯发展阶段理论
- ■班杜拉：社会学习理论
- ■彼得森等：认知信息加工理论
- ■卡斯特和卢森威：系统管理理论
- ■卢桑斯：权变管理理论

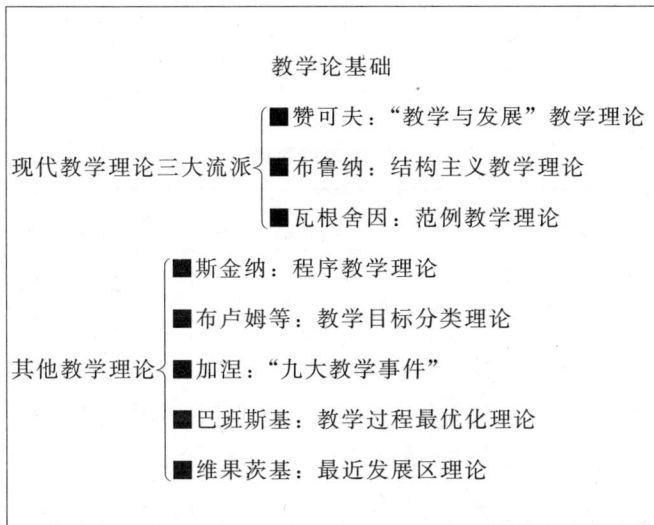

教学论基础

现代教学理论三大流派
- ■ 赞可夫："教学与发展"教学理论
- ■ 布鲁纳：结构主义教学理论
- ■ 瓦根舍因：范例教学理论

其他教学理论
- ■ 斯金纳：程序教学理论
- ■ 布卢姆等：教学目标分类理论
- ■ 加涅："九大教学事件"
- ■ 巴班斯基：教学过程最优化理论
- ■ 维果茨基：最近发展区理论

备忘录

学科班会模型

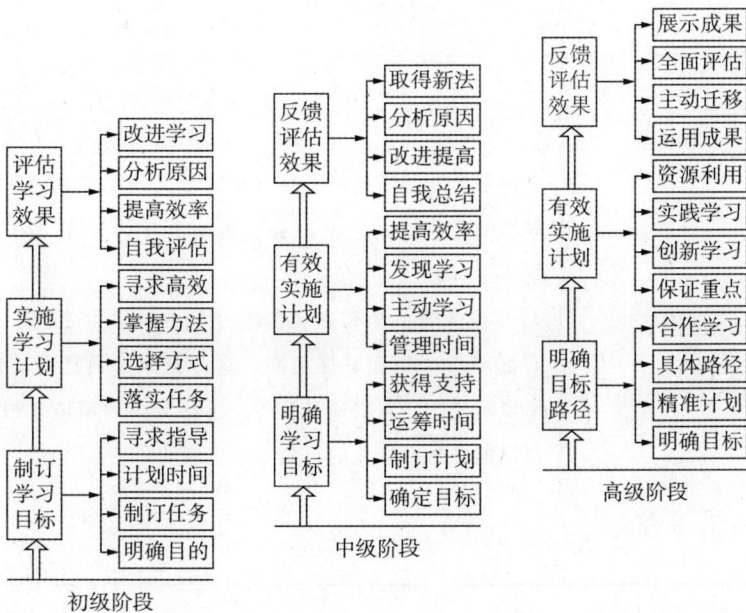

初级阶段

评估学习效果
- 改进学习
- 分析原因
- 提高效率
- 自我评估

实施学习计划
- 寻求高效
- 掌握方法
- 选择方式
- 落实任务

制订学习目标
- 寻求指导
- 计划时间
- 制订任务
- 明确目的

中级阶段

反馈评估效果
- 取得新法
- 分析原因
- 改进提高
- 自我总结

有效实施计划
- 提高效率
- 发现学习
- 主动学习
- 管理时间

明确学习目标
- 获得支持
- 运筹时间
- 制订计划
- 确定目标

高级阶段

反馈评估效果
- 展示成果
- 全面评估
- 主动迁移
- 运用成果

有效实施计划
- 资源利用
- 实践学习
- 创新学习
- 保证重点

明确目标路径
- 合作学习
- 具体路径
- 精准计划
- 明确目标

备忘录

学科班会的特点

序号	特点	释义
1	无痕迹	教师不能说教：在学科班会组织和实施过程中，教师不能给学生讲一些空洞的大道理，而是把道理融入活动过程中，让学生在体验中自己得出结论。 学生不应表演：在班会实施过程中，学生的行为和心理活动是自发触动的，不用也不会掩饰，是自然呈现，更不是才艺表演。 过程不可被动：在学科班会实施过程中，教师的主导地位不能改变，教师要始终引导学生向着既定的目标前行。
2	重体验	全班都参与：学科班会是全班同学共同完成的，不是个别同学的才艺展示。在班会实施过程中，一个学生也不能落下。 人人有互动：学科班会实施过程中，学生之间、师生之间都要有行为和思维交换，这种交换必须是高质量的。 情境可变化：在实施过程中，学科班会的情境是根据学习目标的推进而变化的，是动态生成的结果。

续 表

序号	特点	释义
3	有特色	符合学科特点：学科班会是一种学习方法，其内容和形式都要符合学科特点，它是把学习方法和技能与班会的优势结合起来。 契合学生实际：学科班会的内容必须是学生能够理解的，超出学生知识和能力范围，将达不到实施效果。 满足学习要求：学科班会是学生学习的支持系统，其设计目标是为了满足学生的学习要求。
4	真收获	学科班会的结果应从学生的反应来看，使学生内心真触动，更为重要的是行为真改变。

备忘录

学科班会目标

序号	目标	释义
1	帮助学生认识学科背景，感受学科魅力	明白为什么要学，学了干什么
2	帮助学生掌握学习方法，轻松完成学习	知道怎么学
3	学会思考，掌握、利用已学知识分析问题、解决问题	学了怎么用

备忘录

学科班会的形式

宣讲	演讲	讨论	对话	抢答	辩论
听故事	格言采集	访谈录	漫谈	新闻面对面	班级辞典
研讨	研究	案例分析	假设抉择	头脑风暴	情境重现
观察	观摩	对比	自查	归纳	评价
调研	采访	参观	模仿	剧本创作	课题报告
表演	小品	诗朗诵	音乐	绘画	摄影
游戏	竞猜	拼图	户外活动	竞猜	拓展训练
实验	手工	实际操作	学科整合	影视图赏析	社会实践
测试	心理辅导	拍卖会	模拟法庭	角色扮演	职能互换

工具箱

学科班会的实施策略

序号	策略	释义或举例
1	科学调研，找准学生的主要问题和优势	通过发放调查表、与学生谈话、组织活动等前期调研，教师了解和掌握学生在学习、纪律、思想和心理方面的整体情况，找准学生的主要问题和优势，列出需要重点解决的事项，把这些作为制订学科班会方案的依据。

续　表

序号	策略	释义或举例
2	制订科学的学科班会实施方案	方案的制订，必须把培养学生的思辨能力与班会活动结合起来；把培养学生的学科兴趣与班会活动结合起来；把培养学生的学科学习方法与班会活动结合起来；把培养学生的健康生活方式与班会活动结合起来；把培养学生的人生观、价值观和世界观与班会活动结合起来。
3	完善方案	方案制订后，教师要组织学科教师一起讨论，使方案更符合学科的特点，与自己确定的学习目标一致。
4	实施准备	学科班会实施前，教师需要考虑做哪些方面的准备，特别是物资和材料方面的准备，以保证学科班会能够顺利举行。
5	组织实施	学科班会主要是在动态中生成结果的，教师要做好在学科班会实施过程中的各项引导工作，使学科班会朝着正确的方向和目标前进。
6	总结反思	学科班会结束后，教师一定要求学生写出反思。反思的主要结构和内容包括五个方面： 一是过程回顾：我是怎么做的？ 二是观察分析：我为什么会这样做？ 三是重新评估：这样（做）……我感觉…… 四是提出新案：我还可以怎样（做）…… 五是积极验证：我……应该从什么地方开始改？

备忘录

整体课堂管理模式中的学科班会活动设计（小学低年级）

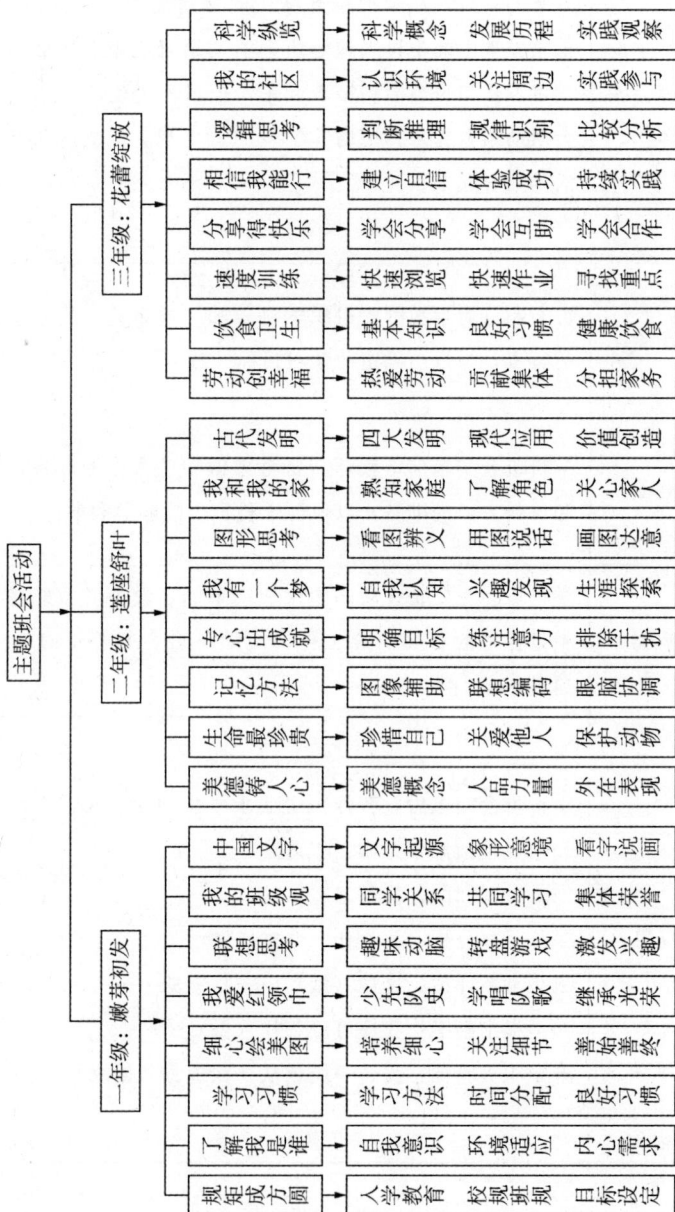

主题班会活动

三年级：花蕾绽放

主题	子项1	子项2	子项3
科学纵览	科学概念	发展历程	实践观察
我的社区	认识环境	关注周边	实践参与
逻辑思考	判断推理	规律识别	比较分析
相信我能行	建立自信	体验成功	持续实践
分享得快乐	学会分享	学会互助	学会合作
速度训练	快速浏览	快速作业	寻找重点
饮食卫生	基本知识	良好习惯	健康饮食
劳动创幸福	热爱劳动	贡献集体	分担家务

二年级：莲座舒叶

主题	子项1	子项2	子项3
古代发明	四大发明	现代应用	价值创造
我和我的家	熟知家庭	了解角色	关心家人
图形思考	看图辨义	用图说话	画图达意
我有一个梦	自我认知	兴趣发现	生涯探索
专心出成就	明确目标	练注意力	排除干扰
记忆方法	图像辅助	联想编码	眼脑协调
生命最珍贵	珍惜自己	关爱他人	保护动物
美德铸人心	美德概念	人品力量	外在表现

一年级：嫩芽初发

主题	子项1	子项2	子项3
中国文字	文字起源	象形意境	看字说画
我的班级观	同学关系	共同学习	集体荣誉
联想思考	趣味动脑	转盘游戏	激发兴趣
我爱红领巾	少先队史	学唱队歌	继承光荣
细心绘美图	培养细心	关注细节	善始善终
学习习惯	学习方法	时间分配	良好习惯
了解我是谁	自我意识	环境适应	内心需求
规矩成方圆	入学教育	校规班规	目标设定

备忘录

整体课堂管理模式中的学科班会活动设计（小学高年级）

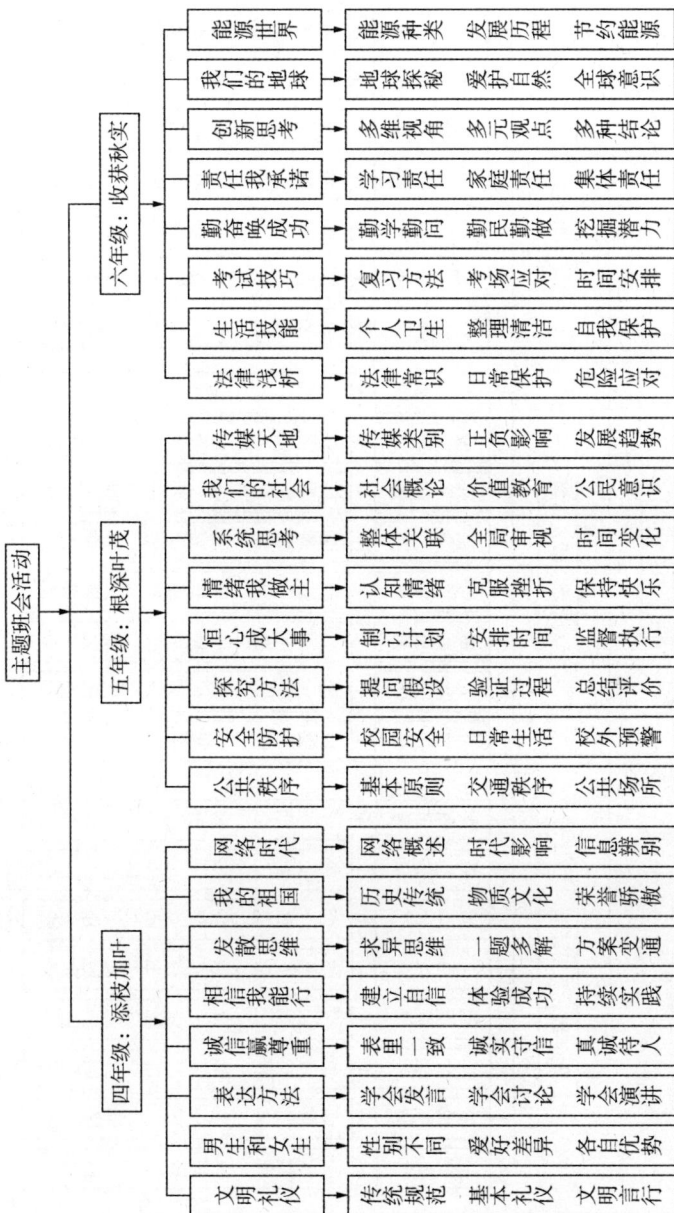

备忘录

整体课堂管理模式中的学科班会活动设计（初中年级）

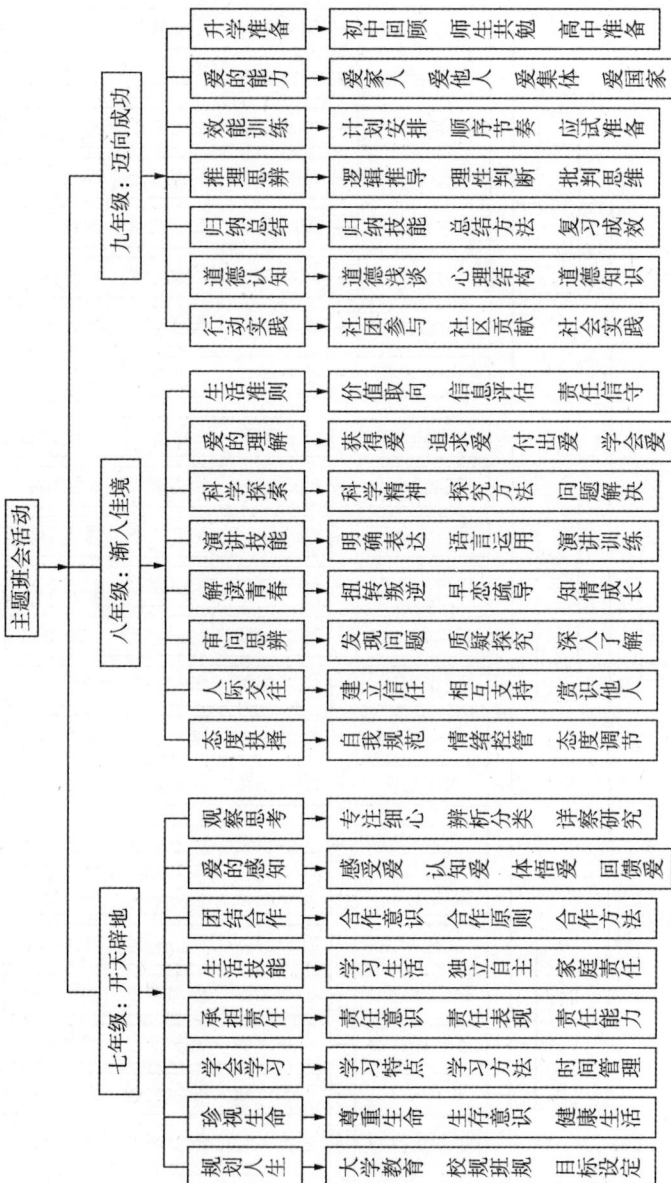

主题班会活动

九年级：迈向成功
- 升学准备 → 初中回顾　师生共勉　高中准备
- 爱的能力 → 爱家人　爱他人　爱集体　爱国家
- 效能训练 → 计划安排　顺序节奏　应试准备
- 推理思辨 → 逻辑推导　理性判断　批判思维
- 归纳总结 → 归纳技能　总结方法　复习成效
- 道德认知 → 道德漫谈　心理结构　道德知识
- 行动实践 → 社团参与　社区贡献　社会实践

八年级：渐入佳境
- 生活准则 → 价值取向　信息评估　责任信守
- 爱的理解 → 获得爱　追求爱　付出爱　学会爱
- 科学探索 → 科学精神　探究方法　问题解决
- 演讲技能 → 明确表达　语言运用　演讲训练
- 解读青春 → 扭转叛逆　早恋疏导　知情成长
- 审问思辨 → 发现问题　质疑探究　深入了解
- 人际交往 → 建立信任　相互支持　赏识他人
- 态度抉择 → 自我规范　情绪控管　态度调节

七年级：开天辟地
- 观察思考 → 专注细心　辨析分类　详察研究
- 爱的感知 → 感受爱　认知爱　体悟爱　回馈爱
- 团结合作 → 合作意识　合作原则　合作方法
- 生活技能 → 学习生活　独立自主　家庭责任
- 承担责任 → 责任意识　责任表现　责任能力
- 学会学习 → 学习特点　学习方法　时间管理
- 珍视生命 → 尊重生命　生存意识　健康生活
- 规划人生 → 大学教育　校规班规　目标设定

备忘录

整体课堂管理模式中的学科班会活动设计（高中年级）

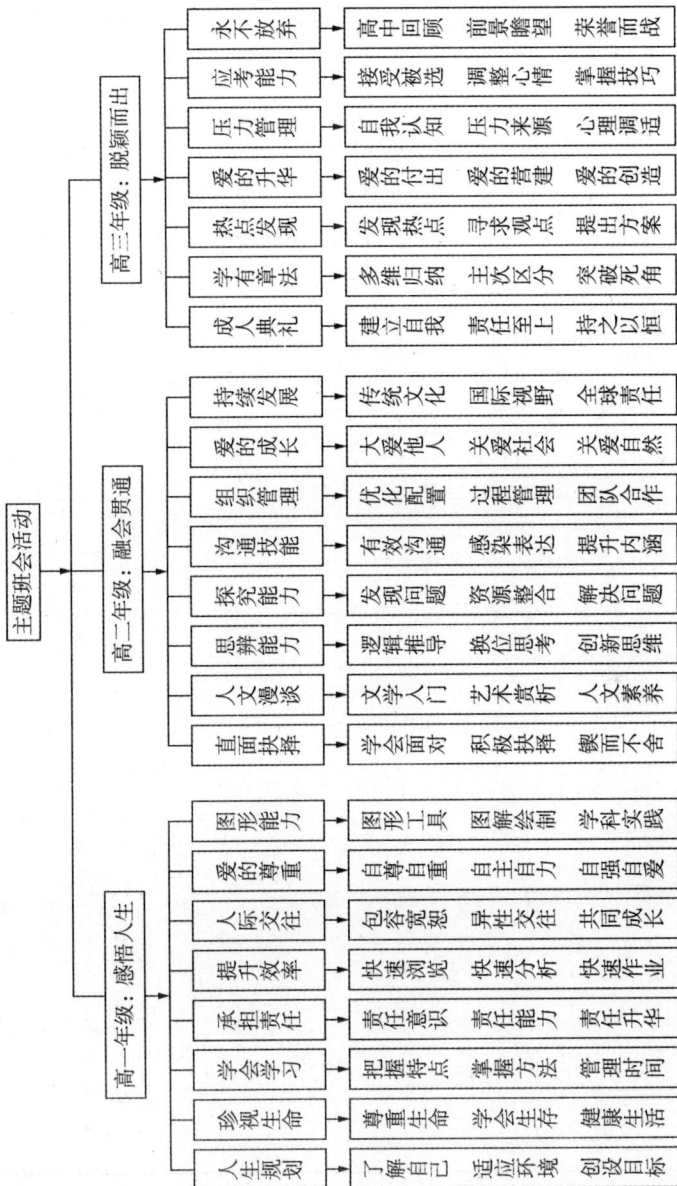

主题班会活动

高三年级：脱颖而出
- 永不放弃 → 高中回顾　前景瞻望　荣誉而战
- 应考能力 → 接受被选　调整心情　掌握技巧
- 压力管理 → 自我认知　压力来源　心理调适
- 爱的升华 → 爱的付出　爱的营建　爱的创造
- 热点发现 → 发现热点　寻求观点　提出方案
- 学有章法 → 多维归纳　主次区分　突破死角
- 成人典礼 → 建立自我　责任至上　持之以恒

高二年级：融会贯通
- 持续发展 → 传统文化　国际视野　全球责任
- 爱的成长 → 大爱他人　关爱社会　关爱自然
- 组织管理 → 优化配置　过程管理　团队合作
- 沟通技能 → 有效沟通　感染表达　提升内涵
- 探究能力 → 发现问题　资源整合　解决问题
- 思辩能力 → 逻辑推导　换位思考　创新思维
- 人文漫谈 → 文学入门　艺术赏析　人文素养
- 直面抉择 → 学会面对　积极抉择　锲而不舍

高一年级：感悟人生
- 图形能力 → 图形工具　图解绘制　学科实践
- 爱的尊重 → 自尊自重　自主自力　自强自爱
- 人际交往 → 包容宽恕　异性交往　共同成长
- 提升效率 → 快速浏览　快速分析　快速作业
- 承担责任 → 责任意识　责任能力　责任升华
- 学会学习 → 把握特点　掌握方法　管理时间
- 珍视生命 → 尊重生命　学会生存　健康生活
- 人生规划 → 了解自己　适应环境　创设目标

171

工具箱

学科班会任务分解表

班会名称		
班 会 类 别	基础学习能力	□读写记能力　　　□思辨能力 □发现问题和解决问题能力　　□自学能力
	学科学习能力	□学科背景理解　　□学习方法掌握 □知识拓展迁移　　□其他

适用年级		适用学科		任务教师	

理 论 基 础	
教 学 目 标	

续　表

班会名称	
操作程序	
实现条件	
评价方式	
结论	

填写说明：

☆班会名称

班会名称按照"适用对象＋学科范围＋能力类别"格式进行填写。如：高中一年级语文诗歌鉴赏能力培养。

☆班会类别

学习能力就是学习的方法与技巧，指学生运用科学的学习方法去独立地获取信息、加工和利用信息、分析和解决实际问题的一种个性特征。学习能力包括基础能力培养和学科能力培养两类。

（1）基础学习能力

指学生获得和运用知识的能力。学习能力至少包括四种：读写记能力、思辨（分析总结）能力、发现问题和解决问题能力、自学能力。

a. 听说读写记忆能力：听说、表达、审读、书写、记忆、计算能力，要求速度和质量统一。

b. 思辨能力：即学生的逻辑思维、分析、总结等能力。

c. 发现问题和解决问题能力：能够用所学的知识解决实际问题。

d. 自学能力：能够根据某一要求自己得出答案。

（2）学科学习能力

a. 学科背景理解：知道为什么学这门课？学了有什么用？

b. 学习方法掌握：知道怎么学这门课？自己学这门课有哪些优势？

c. 知识拓展迁移：如何应用这门课所学的知识？

☆理论基础

指教学模式所依据的教学理论或教学思想。

☆教学目标

指本学科班会所能达到的结果，即能够在学生身上产生何种效果。

☆操作程序

指学科班会实施的步骤以及每个步骤的具体操作方法。

☆实现条件

即学科班会实施的手段和策略。教师在设计和组织实施学科班会时，必须对各种教学条件进行优化组合，要遵循一定的原则，采用一定的方法和技巧。

☆评价方式

不同的年级、学科都有自己适用的条件和教学目标，因此，评价的标准和方法也会有所不同。

动手做

设计一个学科班会并在班上组织实施，把实施效果写下来。

4. 学会创新思维

所谓创新性思维，是一种具有开创意义的思维活动，遇到问题时能从多角度、多侧面、多层次、多结构、多种类、多途径去思考和寻找答案。这种思维既不受现有知识的限制，也不受传统方法的束缚；其思维路线是开放性、扩散性的；寻求的答案和选择性不是单一的，是以感知、记忆、思考、联想、理解等能力为基础，具综合性、探索性、灵活性、求新性和艺术性等特征的高级心理活动。

创新思维的本质在于用新的角度、新的思考方法来解决现有的问题。教师是学生的引路人，要想培养具有创新意识和能力的学生，自己要有创新思维和创新能力：一是要树立终身学习观念，不断追求新知识；二是要创新教学方法，从课堂教学上提高教育创新能力；三是要创新问题情境，提高教育创新能力；四是要创建新型师生关系，提高教育创新能力。

工具箱

创新思维的主要方法与策略

序号	策略	释义与举例
1	破除现有思维障碍	一是破除思维定式障碍，不迷信权威，不随大流，不钻牛角尖；二是破除思维惯性，不用习惯性思维、传统性思维来思考。
2	不被现有环境所困	总是抱怨自己所处的环境不行，影响自己能力发挥，这样的心态会制约创新思维。无畏才能创造。

续　表

序号	策略	释义与举例
3	要有良好的心态	教师要始终有一个积极向上的心态，才能不怕失败，继续进取。
4	展开"幻想"的翅膀	据心理学家研究，一般人只用了大脑想象力的15%，其余的还处于"冬眠"状态。开垦这块处女地就要从培养幻想入手。
5	培养发散思维	所谓发散思维，是指倘若一个问题有多种答案，那就以这个问题为中心，沿着各种不同的途径去思考，找出多个适当的答案，而不是只找一个正确的答案。
6	发展直觉思维	直觉思维在学习过程中有时表现为提出怪问题，有时表现为大胆的猜想，有时表现为一种应急性的回答，有时表现为为解决一个问题，设想出多种新奇的方法、方案等。
7	培养思维的流畅性、灵活性和独创性	流畅性、灵活性、独创性是创造力的三个因素。流畅性是针对刺激能很流畅地做出反应的能力。灵活性是指随机应变的能力。独创性是指对刺激做出不寻常的反应，具有新奇的成分。这三性是建立在广泛的知识的基础之上的。

第四单元　教师课堂管理基本技能训练

序号	策略	释义与举例
8	培养强烈的求知欲	人的欲求感总是在需要的基础上产生的。没有精神上的需要，就没有求知欲。要有意识地为自己出难题。
9	多与其他人还有设备进行交流	只有通过交流信息人们才能产生创新的思想火花。现代社会中，交流对象除了人，还有网络，这是获取海量信息的有效方式之一。
10	学会使用图形思考法来思考问题	
10.1	使用圆圈图进行思维训练。圆圈图适用于头脑风暴、联想和主题发散类的问题，学生表述时没有拘束感，它的呈现也没有固定要求。	举例：列出手机的用途（不少于30种）
10.2	使用气泡图进行思维训练。气泡图适合概念讲解、需要加强理解和加深认识类的问题的讨论。	举例：指出"兔"和"免"的区别。

序号	策略	释义与举例
10.3	使用树形图进行思维训练。树形图可以表示独立事件和条件概率。	 　　　　　　　　　　　开始 一只口袋　　　红　　　白　　　绿 另一只口袋　红　白　红　白　红　白
10.4	使用括号图进行思维训练。括号图适合拆分问题、寻找共性或建立知识体系等问题。	光栅盘 模拟角度 测量系统　模拟装置：光源、准直透镜、光电转换器、前置放大器 光电系统 数字角度测量系统：波形处理器、辨向、细分、运算、变换、显示、存储 光电系统组成示意图

续　表

序号	策略	释义与举例
10.5	使用流程图进行思维训练。流程图适合用来展示或构建事物的演变、情节的变化、步骤的执行等程序性过程。复流程图用来展示因果关系，通过分析事件发生的原因和造成的影响，增强对事件的认识，一般左侧是原因，右侧是结果（箭头都向右）。因果不需要一一对应；全面合理地分析原因，做出深入新颖的结论。	举例：沏茶的流程。
10.6	桥形图（类比）有助于认识两个概念之间的关系。主要用来进行类比、类推，桥型左边横线的上面和下面写下具有相关性的一组事物，按照这种相关性，在桥的右边依次写下具有类似相关性的事物，以能够形成类比或类推。	桥型图

动手做

任选一节课，尝试进行探究型学习课堂创建。